Moderne Erzähler

XVIII

Hermann Broch · Franz Kafka · Robert Musil

FERDINAND SCHÖNINGH · PADERBORN

Zusammengestellt und mit einem Nachwort versehen
von Dr. Paul Dormagen

Der Abdruck der Texte erfolgt mit freundlicher Genehmigung
der Autoren bzw. der Verlage

Herstellung: Westfalen-Druckerei Paderborn und
Ferdinand Schöningh Paderborn

ISBN: 3-506-29291-9

INHALT

BARBARA

Von Hermann Broch

Es war in den ersten Nachkriegsjahren; ich war zweiundvierzig, hatte meine Stelle im Landeskrankenhaus, zu dessen stellvertretendem Leiter ich aufgerückt war, wieder bezogen und sollte auf Grund meiner biochemischen Untersuchungen die Universitätsdozentur erhalten. Ein harter Arbeitswinter lag hinter mir, überdies war er endlos und sonnenlos grau gewesen, ehe er sich mit vehementer Plötzlichkeit zum Frühling verwandelt hatte, und an einem jener hellen, laubgrünen, blauleuchtenden Nachmittage sah ich sie zum ersten Male: einen leichten, nicht mehr ganz tadellosen Handkoffer tragend, ging sie mit langen, etwas schwingenden, fast wäre zu sagen gewesen, unweiblichen Schritten, zielstrebig und etwas streng wie der in die Ferne gerichtete Blick, vom Direktionsgebäude zum Hauptpavillon der Kinderabteilung; ich hielt sie für eine der Mütter, die um diese Stunde ihre Kinder besuchen kommen, aber als sie, von dem Handkoffer ein wenig behindert, nicht ohne Mühe die schwere und außerdem durch einen Schließapparat gehemmte Türe des Pavillons geöffnet hatte, da schaute ich noch eine Zeitlang hin — tue ich es nicht noch immer? noch heute höre ich das sanft-automatische Wiedereinschnappen des Türflügels! — als hätte, trotz ihrer Unauffälligkeit und ihrer bürgerlichen Kleidung, ein Hauch von Überbürgerlichkeit sie umgeben, ein Hauch des Fremdartigen, unsichtbar nachwehend. Und ich war enttäuscht, daß in diesem Spitalgarten nichts geblieben war als das junge Grün der Kastanienbäume und der Fliedersträucher.

Natürlich hatte sich dieser erste Eindruck bald verwischt, besonders da sich bald herausstellte, daß sie eine neuaufgenommene Ärztin war und nun das Berufliche in den Vordergrund trat. Als der Primarius auf Urlaub ging und ich die Anstaltsleitung übernahm, kam ich mit ihr in nähere Berührung. Ihre fachliche Tüchtigkeit war bemerkenswert; wissensreich, entschlußfähig, hatte sie, die jüngste Sekundärärztin, in Kürze und unauffällig die Herrschaft über die Abteilung an sich gezogen, und mochte sie hierbei auch wenig Widerstand gefunden haben — ihre beiden Kollegen bedeuteten nicht viel, und der Chef, Professor M., war schon zu alt, um nicht froh zu sein, nach den Visiten wieder raschestens heimkommen zu dürfen — so war ihr Erfolg doch nur möglich gewesen, weil ein ganzer Mensch dahinter stand, mehr noch, nicht nur ein gelernter, sondern ein geborener Arzt, zu welch sehr seltenem Typ sie gehörte: in ihren Diagnosen war sie von hellseherischer Sicherheit, und diese außerordentliche Intuition für das Leiden bestimmte sie von vorneherein und innerlich zum Freunde des Patienten, zu seinem Bundesgenossen im Kampfe gegen Krankheit und Sterben, und dies waren überlegene Fähigkeiten, denen sich keiner entziehen konnte, weder die Kollegen noch die Pflegerinnen, die mitsamt dem ganzen Personal ihr auf den Wink gehorchten; doch am augenfälligsten befanden sich die Kinder unter ihrem Bann, ja, hier konnte man geradezu von magnetischen Wirkungen sprechen, denn sie brauchte sich bloß an ein Bett zu setzen, und der kleine Patient wurde so ruhig und glücklich, daß man schlechterdings an Heilerfolge glauben mußte, und wenn sie durch einen Saal schritt, blickte ihr eine lange Reihe von Augenpaaren erwartungsvoll nach. Dabei war die Herrschaft, die sie da errichtet hatte, durchaus nicht liebenswürdig; sie warb um niemanden, war vielmehr immerzu bereit, zu brüskieren und zu belehren, eine zorngemute Streiterin, und gar mit den Kindern machte sie überhaupt kein Federlesen; weit von den Tändeleien entfernt, mit denen Kinderärzte sich so gerne ihren Patienten nähern, behandelte sie sie mit stirnrunzelnder aufmerksamer Sachlichkeit, und der Kinderinstinkt bejahte es.

Von den Kindern hatte sie sich Dr. Barbara nennen lassen, und im Wege der Schwestern war dieser Name vom ganzen Hause übernommen worden.

Abgesehen von kleinen Kontroversen mit ihrem unbändigen Autoritätswillen, kam ich während meiner Anstaltsleitung recht gut mit ihr aus; sie fühlte sich in ihrem Wissen und Können von mir respektiert, und wir hielten eine gute männliche, oder richtiger geschlechtsfreie Arbeitsgemeinschaft, dies um so mehr, als diese unkokette, energische, nachdenkliche Ärztin keine Erinnerungen in mir an jene Frau wachrief, die wenige Wochen vorher den Spitalgarten überquert hatte. So blieb es bis zu meinem letzten Inspektionsrundgang; der Urlaub des Primarius war abgelaufen, und ich sollte den meinen antreten, war also eigentlich nicht mehr geneigt, Entscheidungen zu treffen, die ich nicht mehr persönlich verarbeiten und vertreten konnte. Nichtsdestoweniger ergab sich noch im letzten Augenblick eine Diskussion über die Operationsreife eines Falles — ich bin ein Gegner allzu rascher Eingriffe, wie sie die Chirurgen lieben — und schließlich ließ sie sich, mürrisch allerdings, von meinen Argumenten überzeugen. „Na, Doktor Barbara", sagte ich, als das erledigt war, „wir brauchen nicht Abschied zu nehmen; im Laboratorium werden Sie mir ja hoffentlich oft Ihre Aufwartung machen." — „Es wird sich schon so ergeben", erwiderte sie immer noch mürrisch und strich ihre schlichtgescheitelten Haare mit beiden Händen glatt. Warum ich in diesem Augenblicke diese Hände in all ihrer Lebendigkeit sehe, warum ich sehe, daß es Frauenhände sind von einer Weiblichkeit, wie ich sie seit meiner Kindheit nicht mehr erlebt hatte, seit jenem Tage, an dem meine Mutter mir zum letzten Male über die Haare gestrichen hatte, warum der Anblick dieser Hände mich mit Sehnsucht erfüllte und plötzlich mein ganzes Leben aufrollte, ja, ihm einen neuen Hintergrund verlieh, das wird mir ewig unerforschlich bleiben. Allerdings kam es mir erst hinterher völlig zu Bewußtsein, in jenem Augenblicke sagte ich bloß: „Sie sind eine ausgezeichnete Ärztin, Doktor Barbara, aber Sie wären eine noch bessere

Mutter.“ Ein Schatten großen Ernstes ging über ihr Gesicht, indes, dann lachte sie: „Das erste fällt unter Ihre Kompetenz und freut mich.“ Und ehe ich etwas antworten konnte, war sie davon; bei der Saaltüre jedoch wandte sie sich um und rief mir einen „Guten Urlaub“ zu.

An diesem Frühsommertag standen die Kastanien im Spitalgarten noch in voller Blüte, wenngleich ihre Pracht auch schon etwas müde war und auf den nächsten Gewitterregen wartete, der sie vernichten sollte. Und als ich am Abend, nachdem ich meine Koffer gepackt hatte, in meiner Wohnung oberhalb des Laboratoriums mich zum Fenster hinauslehnte und auf die Bäume hinunterschaute, die weiß und rosa zu Grau sich auflösten, während das Dächermeer der Stadt müde nebelig rauchig in der beginnenden Nacht verdämmerte, da war der hauchdünne Flor des Abends wie ein lichtdurchwirktes graues Blumenauge, umgeben von zornig dunklen Wolkenbrauen, die auf den fernen Höhen des Horizontrandes lagerten, und er enthüllte dämmernd ein Antlitz, das elfenbeinfarbig unter teeschwarz rotbräunlichen Haaren, grauäugig und erhellt von einem unsäglich zarten Lächeln, mir zum ersten Male sichtbar wurde, obwohl ich es bereits so gut kannte. In dieses Antlitz schaute ich, konnte mich von ihm nicht trennen und blieb am Fenster lehnen, bis die Nacht kam, und diese war wie eine unendliche und unendlich weiche und unendlich weibliche Hand, die sich auf den Scheitel der Welt legt.

Das war keine Vision, das war eine zweite Wirklichkeit, eine Wirklichkeit, die mit einem Schlage in das Sichtbare eingezogen war, und sie blieb nicht auf jenen Abend beschränkt, sondern sie begleitete mich, als ich am nächsten Morgen nach dem Süden fuhr. Gewiß wehrte ich mich dagegen, denn ich fühlte mich aus meiner eigenen Wirklichkeit, an der ich an die vierzig Jahre gebaut und gearbeitet hatte, schmerzlich verdrängt, ich fühlte, daß etwas am Werke war, mich von allem, was vorhergegangen war, loszureißen, ohne daß ich eine Möglichkeit sah, einen Anschluß an das Neue zu gewinnen, das erzengelgleich schon mich ergriffen hatte, ich fühlte das

Grauen des Nicht-mehr-vor-und-zurück-Könnens, und oft genug kam mir der Gedanke, ich müßte in die Berge fliehen, um in ihrer härteren Umgebung und in ihrer Gletscherluft mir die Seele und mit ihr auch das neue ungebetene Leben aus dem Leibe zu klettern. Allein, ich konnte mich hierzu nicht entschließen, und nicht etwa, weil ich mir überlegt hätte, daß schicksalsmäßige Begegnungen im Landschaftslosen, Landschaftsunabhängigen vollzogen werden und daß daher keinerlei Ortsveränderung etwas gefruchtet hätte, nein, dies war es nicht, vielmehr geschah es, weil ich mich nicht aus einer Gegend am südlichen Meer zu entfernen vermochte, deren Bewegtheit wie ein Spiegel des menschlichen Antlitzes ist, ebenso lächelnd wie dieses, ebenso voll ernster Erstarrung, vom gleichen Pulse durchpulst, Landschaft des Humanen, eingebettet in der Herbheit ihrer Ölbaumhänge, in dem Grau ihrer Weinberge, in dem Schwarz ihrer Lorbeerwälder und in der lichten Düsterkeit ihrer Eichenhaine, grauäugiges, zürnendes, wolkenrunzelndes, strahlendes und nachdenkliches Land, elfenbeinfarben gleich seinen porzellanenen Wolken, unter denen das sternblickende sternglitzernde Meer dahinrollt, traumschwer dunkel wie ein nächtliches Feld, das Meer in seinem Gewittermantel, und ruhend wieder, grünblau, ganz blau, rotblau, das Meer in seinem Sonnengefunkel, wenn weit draußen mit schrägem Segel langsam ein Fischerbot den funkelnden Sonnenstreifen überquert, das Meer des Südens, das Mittelmeer. Und Gleichnis der Einheit, zu der der Mensch strebt, Gleichnis seiner letzten Humanität, wurde mir die Natur zum Gleichnis ihrer zweiten Wirklichkeit, und war auch die Landschaft als solche nicht weiblich zu nennen, war auch ihre wehende Vielfalt jenseits alles diesseitigen, wehend jenseits des Lebens, jenseits des Todes, jenseits des Geschlechtes, es hatte sich die Sehnsucht, in sie und in ihr Gleichnis einzugehen, so untrennbar mit der Sehnsucht nach der Frau verschmolzen, nach jener Frau, mit der mir die zweite Wirklichkeit der Welt zuteil geworden war, es hatte sich das Heimweh nach dem geliebten Menschen so unlösbar mit dem

Heimweh nach meinem tiefsten Erinnern verbunden, daß das Meer in all seinen Bildern, in seinem Mittagsglanz wie in seinem finstersten Grollen, in seinem Ruhen unter den huschend weißen Nebeln des Morgens wie in seinem milden Gesang der schwereentlösten Abende, Wogenkamm um Wogenkamm, daß mir die lorbeerumlaubten, eichenbeschatteten, pinienbestandenen, ölbaumumflorten Ufer, hingezogen bis zu den grenzenlosen Gestaden des Himmels, zu einem einzigen Bilde jenes allumfassenden Du wurden, in dem uns, quellend aus dem Reichtum des Sichtbaren und des Unsichtbaren, unsere zweite Wirklichkeit geschenkt wird, erkoren zum Bilde des großen „Du bist", dessen tiefe heimatliche Sicherheit neben die ursprüngliche des „Ich bin" tritt, sie beide umschlossen von der nämlichen Unendlichkeit, und in ihr zur Einheit werdend, Ziel aller Sehnsucht.

Wir hatten keinen Brief gewechselt, nicht einmal einen Kartengruß, und bei aller Sicherheit, die das Schicksalhafte uns verleiht, wußte ich dennoch, daß Schicksal nichts anderes als Verhaftung an bestimmte Vorstellungswelten ist und daß das Schicksal des Arztes, das ihn zu seinem Beruf geführt hat, mehr denn jedes andere von dem großen Rhythmus des ewig sich erneuernden Todes bestimmt ist, von der Vorstellung jener Stunde, in der der Mensch immerdar das Geschlechtliche abstreift, als wäre es nie gewesen; wer sich nicht unablässig selber in dieser Stunde sieht, kennt weder die Todesehrfurcht noch die Lebensehrfurcht, er ist nicht schicksalsmäßig Arzt geworden: und wissend, daß die Rückkehr in meinen Beruf auch die Rückkehr in diese, vielleicht engere Vorstellungsrealität bedeutete, fürchtete ich nicht nur — freilich es zugleich erhoffend —, daß jene zweite Wirklichkeit mir wieder verlustig werden könnte, sondern auch, täte sie es nicht, daß ich mit ihrer Sehnsucht allein zu bleiben hätte, weil die Frau, nach der ich mich sehnte, viel zu sehr ihrem ärztlichen Schicksal verbunden war, um je aus ihm heraustreten zu können. Und an den nahezu fünfzehnjährigen Altersunterschied denkend, welcher zwischen uns bestand, steigerte ich mich absichtlich in solche Befürchtung hinein, als vermöchte ich mich damit vor Enttäuschung zu bewahren.

Doch es kam anders. Die Rückkehr in den Alltag hob nichts auf, sondern war in zunehmendem Maße Überraschung, war Überraschung einer Nähe, an die keinerlei Erinnerung herangereicht hatte, war Überraschung vor einem Heimweh, das erst kraft der Nähe wahrhaft erwachte, war Überraschung vor einer Fraulichkeit, die mir unerahnbar gewesen war und alle Nähe durchwebte, ach, als ich ihr gegenüberstand, da brauchte ich nicht erst ihre Hände zu betrachten, ich brauchte auch nicht ihr Gesicht zu prüfen, was zu unterlassen ich allerdings kaum übers Herz gebracht hätte, ihre bloße Anwesenheit und allein ihr menschliches Dasein gaben mir im tiefsten Innern zu erkennen, daß das, was ich im Landschaftlichen erfahren hatte, unendlich vielfältiger noch in unserer eigenen Seele vorhanden ist, daß das Landschaftslose, in dem der Seele tiefverschleierte Unendlichkeit weset, größer ist als jede Landschaft, weil es jede umfaßt, und daß das Du der Geschlechtlichkeit, von dem die Landschaft für mich verherrlicht, verunheimlicht, verlebendigt worden war, durch die Realität nicht eingeengt wird, nein, daß sie verwirklicht und vervielfältigt neu aufersteht: das Du im anderen Wesen bis in die letzten Fasern seiner Seele restlos als gegengeschlechtlich empfinden dürfen, das ist unsere letzterreichbare Liebe, kraftempfangend, kraftspendend im unausdenkbar unsäglichen Gleichgewicht des Seins, und das erkannte ich, schier schmerzlich lauschend, bei diesem Wiedersehen.

Fast scheute ich vor der Annahme zurück, es könnte ihr ähnlich ergangen sein und sie könnte Ähnliches fühlen, ich scheute wohl das Grenzenlose, das sich dahinter eröffnet hätte; trotzdem lag es mir nun außer jedem Zweifel, daß sie mein Denken und mein Sehnen während der verflossenen Wochen gespürt hatte, daß sie spürte, wie es um uns zwei bestellt war, und wenn auch das, was sie sagte, nämlich: „Gut und schön, daß Sie wieder da sind", teils als leere Höflichkeitsformel, teils als Ausdruck ihrer stets mitschwingenden, leicht ironischen und leicht mürrischen Kampfbereitschaft hätte aufgefaßt werden sollen, so war es doch daneben auch wie ein Zeichen der Beruhigung und einer Vertrautheit, die ich deutlich heraushörte. Ich ging auf ihren Ton ein: „Warum? ist was vorgefallen, wozu Sie mich nötig gehabt hätten?“ — „Nein, das nicht gerade.“ — „Oder hat Ihnen bloß der richtige Partner für Ihre Streitsucht gefehlt?“ — „Das schon eher . . . streitsüchtig bin ich immer.“ — „Dann laden Sie mich einmal zu sich ein; wir wollen es nicht mehr auf den Zufall ankommen lassen, und bis ich wieder einmal die Spitalleitung übernehme, dauert es mir zu lange.“ — Sie blickte mich mit ein wenig zusammengekniffenen Augen an, nicht überrascht, beinahe eher abweisend: „Schön . . . morgen abend, wenn's Ihnen recht ist.“ So war das Wiedersehen gewesen.

Ich war zum Tee nach dem Abendbrot bei ihr, und ich teilte ihr kurz und bündig mit, daß ich von ihr ergriffen sei, ergriffen in einer Weise, die über die Hochschätzung ihrer fraulichen, menschlichen oder gar ärztlichen Qualitäten weit hinausreichte, unerklärlich, kaum erklärlich, wie es eben jedes wahrhafte Schicksal ist. „Ja“, sagte sie finster, „ich weiß es.“ — „Gewiß müssen Sie es wissen“, bestätigte ich, „denn erstens weiß jede Frau um den Bestand derartiger Geschehnisse, und zweitens gibt es keine einseitigen Bindungen von solcher Vehemenz . . . da spielen sich unpersönliche oder überpersönliche Dinge ab, und das ist eine Zuversicht, die mit männlicher Eitelkeit nichts zu tun hat . . .“ — Sie sah mich lange und fest an, und dann sagte sie sachlich: „Das dürfte vermutlich stimmen.“ Sonderbarerweise machte mich dieses eindeutige und klare Zugeständnis durchaus nicht froh; in seiner sachlichen Eindeutigkeit klang es geradezu nach dem Gegenteil. Und richtig setzte sie fort: „Aber legitim oder illegitim, was mir heute ziemlich gleichgültig wäre, ich kann nicht Ihre Frau werden.“

Auf das dumme „Warum?“, das mir auf der Zunge lag, verzichtete ich, und wir schwiegen beide. Vor dem offenen Fenster verwelkte die Luft, getränkt vom Juli, von Nacht und vom absterbenden Lärm der großen Stadt.

Und dann sprach sie weiter: „Käme es bloß auf Liebe an, so wäre es recht einfach und es wäre gut. Aber ich will nicht bloß Liebe, ich will ein Kind. Ich bin achtundzwanzig. Es wäre Zeit für mich, ein Kind zu haben. Ich könnte ohne Kind nicht lieben. Und eben daran darf ich nicht denken. Es geht nicht."

Sie hatte ihre Hände, ihre so hold weiblichen und doch starken Hände ums Knie verschränkt, die grauen Augen schauten weitgeöffnet und still unter dem weiblich schmal gezeichneten düsteren Saum der Augenbrauen, weiblich war der Glanz der teebraunen Haare, und die Lippen in dem elfenbeinfarbenen Antlitz waren trotzig geschlossen. „Nein", wiederholte sie, „es geht nicht... es läßt sich nicht mit dem Beruf vereinbaren..." Da konnte ich, banal genug, einwerfen, daß es viele verheiratete Ärztinnen gäbe, die zugleich Mütter seien, und daß man schließlich auch einen Beruf lassen könnte, wenn es um menschlich Wichtigeres ginge. „Es genügt, wenn ein Elternteil die Praxis ausübt", schloß ich voller Hoffnung. Jetzt lächelte sie, und das Lächeln in ihrem ernsten Gesicht war hold wie ein Frühlingstag im Winter, wie ein Sonnenstreifen auf dem Meere, doch sie schüttelte den Kopf: „Mit bloß einem Beruf lassen sich Kinder zur Not noch vereinbaren, aber nicht mit zweien... nein, Sie brauchen nicht erstaunt zu sein, ich bin Ihnen die Aufklärung auf jeden Fall schuldig, denn Sie wissen offenbar nicht, daß ich aktive Kommunistin bin und was dies bedeutet."

Über die politische Tragweite dieses Sachverhaltes machte ich mir damals keine Gedanken; mir lag anderes am Herzen, und ich sagte: „Auch zwei Berufe lassen sich aufgeben." — „Sie sind nicht im Bilde", entgegnete sie, „dazu bin ich, dazu wäre ich nicht imstande... nein, das kann ich nicht, obwohl ich weiß, daß etwas Unnatürliches darin steckt, obwohl ich mir nichts anderes ersehne, als mit einem geliebten Mann ein halbes Dutzend Kinder zu haben, mit denen ich irgendwo auf dem Lande sitzen dürfte, ja, obwohl, obwohl, obwohl... ja, und obwohl ich manchmal diese Spitalkinder geradezu hasse, weil sie meinen eigenen Kindern im Wege stehen, und obwohl ich diese ganze politische Tätigkeit hasse, weil sie mir den letzten Rest freier Menschlichkeit raubt, aber ich fühle, daß ich kein Recht habe, es für mich anders zu beanspruchen, und es muß wohl so sein, sonst wäre es nicht so stark, stärker als meine Wünsche."

„Barbara", sagte ich, „wir haben jeder nur ein einziges Leben, und das ist kurz ... und wir sind immer bereit, es zu verschleudern, hüten Sie sich vor der Verschleuderung ..."

„Auch dies ist mein Leben, und was ich tue, das tue ich nicht aus billigem Edelmut, darüber mache ich mir keine Illusionen ... ich kann nur nicht anders, ich bin besessen ... ich bin von etwas besessen, was man Gerechtigkeit nennen könnte, wenn man das Wort seines edlen Beigeschmacks entkleidete, davon bin ich besessen, vielleicht weil ich schon zu viel Elend gesehen und erlebt habe ..."

Sie zündete mechanisch eine Zigarette an und fuhr fort: „Warum dies sich so auswirken mußte, ist schwer zu ergründen, ich will es auch nicht ergründen ... es mag sein, daß es daran liegt, daß ich das Kind einer Vernunftehe bin, in der es offenbar von allem Anfang an nur Ekel und Haß gegeben hat ... meine Mutter hat dann nochmals und aus Liebe geheiratet und, auflehnerischen Geistes wie sie war, im Gegensatz zur ersten Ehe in dürftigste Verhältnisse, dabei einen etwas dumpfen und tief eifersüchtigen Mann, der seine Wut gegen den Vorgänger und das von diesem gezeugte Kind niemals verwinden konnte, kein Wunder, daß er, besonders in dem leidenschaftlichen Taumel, in dem die beiden gelebt haben, auch meine Mutter mit dieser wütenden Abneigung angesteckt hat ... ich war das richtige Stiefkind gegenüber den nachgeborenen Geschwistern, und ich hatte all die Ungerechtigkeiten zu erdulden, die eben nur ein Kind empfinden kann ... und dann, mit fünfzehn, bin ich einfach durchgebrannt, mitten ins Elend hinein, in ein physisches und psychisches Elend und wohl auch in eine moralische Verworfenheit; ich habe mit Männern zu tun gehabt, die ich nicht geliebt habe, die mich aber mitunter fütterten; was für meine Mutter recht war, ist für mich billig, dachte ich mir, und aus Rache habe ich jeglichem Begehren nachgegeben, besinnungslos, bedenkenlos, es war kein Leben, es war ein Chaos ... aber gerade weil ich in ein solches Chaos versunken war, wurde mir allmählich bewußt, daß ich dies alles nur aufführte, um endlich lernen zu können, denn auch dies hatte man mir zu Hause verwehrt gehabt ... und später, ja später kam der Wunsch hinzu, Arzt zu werden, anfänglich als eine Art hygienischer Wunsch, immerhin stark genug, daß ich ihn, während ich mich langsam, sehr langsam von dem Wust in mir und um mich befreite, verwirklichte und tatsächlich durchsetzte ... ja, ich habe es durchgesetzt, und immer deutlicher wurde mir dabei das Ziel des Kinderärztlichen, der Gedanke, bei anderen Kindern das gutzumachen, was an mir verübt worden war; denn das durfte nicht mehr sein, ich war von dem Gedanken getrieben, solche Ungerechtigkeit der Welt vernichten zu müssen ... natürlich wußte ich stets und weiß es heute mehr denn je, daß eine derartige Gerechtigkeit bloße Chimäre ist, ein unendliches Menschheitsziel, von dem ich selber kein Jota zu sehen bekomme, doch ohne Unendlichkeit vermögen wir nicht zu leben, und wir leben für die vage Zukunft der Menschheit und für ihre dereinstige Gerechtigkeit ..."

Sie verstummte, um unvermittelt abzubiegen und auf eine Photographie hinzuweisen, den einzigen Wandschmuck in dem nüchtern weißlackierten Ärztezimmer, das meinen beiden Zimmern glich und mir doch von Weiblichkeit durchatmet zu sein schien: „Das ist meine Mutter", sagte sie, „ich habe das Bild als Mahnung hingehängt ... vielleicht auch als Mahnung der Menschheit wegen, die keine Kinder mehr bekommen dürfte, bevor sie nicht ihr Gerechtigkeitsziel erreicht hat."

Da sie, ob dieser Schlußfolgerung belustigt, nun wieder lächelte, meinte ich zustimmend: „Freilich eine arge contradictio." — „Ja, daß dies Schwierigkeiten begegnen würde, das ist allerdings evident ... aber Sie begreifen, daß ich bei alldem ins kommunistische Fahrwasser geraten mußte, sowohl infolge dieser Gerechtigkeitsidee als auch ihrer an sich gewiß harten Forderung, das Individuum im Kollektiven aufgehen zu lassen, der einzigen Möglichkeit, um den Menschen aus seinen Wirrnissen und Nöten zu befreien; er kann sie im Kollektiven noch immer am raschesten vergessen ... Gerechtigkeit ist das irdische Paradies ..."

„Und für dieses wollen Sie das Kinderkriegen abstellen?"

Ihr Lächeln wurde ernst: „Natürlich läßt es sich nicht abstellen, das hieße ja die Unendlichkeit abstellen ... aber trotzdem ist der Mensch nicht berechtigt, seine persönlichen Glücksbefriedigungen auszuleben, solange die größeren Aufgaben um des Zieles willen noch zu lösen sind, wie es sich eben heute noch verhält ... das gilt auch für mich ... und auch für meinen Wunsch nach einem Kind gilt es ..."

Sie zog mit schmalgewordenen Lippen an ihrer Zigarette: „Ich fühlte mich verpflichtet, Ihnen die ganze Geschichte zu erzählen, ich konnte Ihnen bloß mit voller Offenheit antworten ... nehmen Sie es nicht als eine der biographischen Beichten, mit denen Liebende einander zu beglücken oder eifersüchtig zu machen pflegen ... ich weiß auch, daß der Schrei nach dem Kind geeignet ist, einen Mann zu rühren, besonders wenn ihm dabei noch überdies die Vaterschaft angetragen wird; ich hoffe jedoch, daß der gesamte Zusammenhang zur gegenteiligen Wirkung geführt hat und daß sich Ihre Heiratsabsichten entsprechend verringert haben, meinetwegen der Eifersucht halber, zu der Ihnen ja mein Leben genügend Anlaß bieten würde."

Ihre Stimme war immer kälter geworden, und nun endete sie unfreundlich: „Soll ich Ihnen noch einen Tee einschenken?"

„Ich liebe dich", sagte ich, oder richtiger, es sprach aus mir heraus. Zuerst starrte sie mich an, ihr zorniger Blick ruhte in dem meinen, unendlich ferne, unendlich nahe, dann umflorte er sich, und sie begann zu weinen. „Ja, ich liebe dich", sprach es nochmals in mir, denn ich wußte, daß ich sie nie mehr würde verlassen können, „ich liebe dich sehr, ich liebe dich für immer."

„Gehen Sie", fuhr sie mich wütend an, während die Tränen ihr aus den Augen flossen und die Wangen herabperlten. Ich hatte ihre Hand genommen. Ein paar Sekunden lang überließ sie sie mir, indes, sie wieder entziehend, strich sie mir sanft über die Haare, so leicht und mild, wie ich es seit dreißig Jahren nicht mehr gekannt hatte. „Geh", sagte sie weich und bittend, „geh."

Traumbefangen ging ich, nichtsdestoweniger geleitet von einem klaren, ja geradezu nüchternen Gefühl unbedingter Sicherheit. Ein jüngerer Mensch wäre wahrscheinlich geblieben, um den Widerstand ihrer schweren Seele zu überrumpeln, oder es hätten ihn, wäre er gegangen, wenn nicht eifersüchtige, so doch romantische Motive fortgetrieben. Ich war weder eifersüchtig noch romantisch. Denn dreht es sich einmal um die letzten Erkenntnisse des Ich und seines Schicksals, dann wird die marionettenhafte Gespenstigkeit, mit der das Abgestorbene in der Eifersucht weiterlebt, vom Humanen her befreit. Und die Wege und Irrwege, die diese Frau rückhaltlos und rücksichtslos offenbart hatte, sie hatten sie nicht nur zum Beruf geführt, freilich zu einem, der für sie Berufung war, sie hatten sie nicht nur zur Einfügung in die humane Ganzheit der Ordnungen gebracht, zum geduldigen gediegenen beharrlichen Schaffen, sondern sie waren darüber hinaus — und das wußte sie wohl selber kaum — auch noch das irdische Spiegelbild ihres Weges zum eigenen Selbst, es waren die Wege, die sie hatte beschreiten müssen, um im Gleichnis des irdischen Tuns zum Ich und zu seiner Einheit zu gelangen, damit dieses Ich, die eigene Unermeßlichkeit am Meßbaren erprobend und es durchdringend, sich seiner unendlichen Dunkelheit entlöse und zur Bewußtheit erlöst werde.

Gewiß, es war ein männlicher Weg gewesen, auf den ihre harte Jugend sie gedrängt hatte, ein Weg, dessen eingezeichnete Radikalität nur die großen Welterlöser wahrhaft bis zum beispielhaften Ziel des vollkommenen irdischen Gleichnisses zu durchlaufen vermögen: unnachahmlich für den gewöhnlichen Sterblichen und gar für eine Frau, deren Frauentum sich, wie hier, nur allzubald und allzuschmerzlich, ungeachtet aller bereits erreichten Bewußtheit, meldet und Geltung verschaffen will; doch eben diese Bewußtheit, die ihr unumstößlicher Besitz geworden war, vermittelte mir die Sicherheit und die Überzeugung, daß sie aus dem ernsten inneren Kampf, in dem sie sich befand, mit einem Persönlichkeitsgewinn hervorgehen würde, und selbst wenn es um den Preis geschehen sollte, Stücke von jener erreichten Bewußtheit wieder aufzugeben und um des ersehnten Kindes willen ins anonym Naturhafte mit einem Teil ihres Wesens zurückzukehren, so konnte dies nicht mehr eine Vernichtung der so bitter errungenen Selbsterlösung bedeuten, was sie wahrscheinlich fürchtete, vielmehr wäre damit bloß die Ergänzung durch eine zweite und wohl noch dringlichere Erlösungstat eingeleitet, kurzum die volle Hinwendung zum Kinde, in dessen Existenz ein für allemal die zweite Wirklichkeit einer jeden Frau begründet liegt, die Sicherheit des Du und der Traum einer lichten Gemeinsamkeit, gleichgültig ob in der Liebe zu mir oder zu einem andern.

So etwa hätte die Überlegung gelautet, sofern ich eine solche überhaupt angestellt hätte; bedenke ich es jedoch richtig, so war alle Sicherheit, die mich erfüllte, von ihrer Hand ausgeströmt, von der einen und einzigen Sekunde, da ich sie auf meinem Scheitel gespürt hatte, von ihr fühlte ich mich in den Traum der Gemeinsamkeit gezogen, träumend und geträumt, Traum im Traume. Von ihr kam die Sicherheit des „Du bist“ und die jenes ahnenden Wissens, das die Erreichung des Ich und seiner Einheit nicht mehr in unendlichen Fernen, sondern in erlebbarer Nähe vor sich sieht, weil das Du sich ihm enthüllt hat: lauschend dem Echo des Du, das eigene hörend, wird der Mensch zum Gleichnis des Menschen, vermag er sich selber aufzugeben und in das große Gleichnis der Natur heimzukehren, versinkend im Sein, im All, im lebendigen Sterben, Natur er selber in der schöpferischen Geschöpflichkeit seines Wesens, dessen landschaftsloser Ursprung, entbunden den drei Dimensionen des Raumes, weltenschwanger, vollkommenheitsschwanger jegliche Landschaft in sich umfaßt.

Getragen von solcher Zukunftssicherheit, die zugleich Gegenwartssicherheit war, ja sogar auch eine Sicherheit des Vergangenen, denn ihre Erinnerung war nicht minder die meine und alles war unverlierbar gegenwärtig, war ich von ihr gegangen, ohne sie zu verlassen, und mit ebenderselben Sicherheit wußte ich, daß das Warten, das ich mir auferlegt hatte, kein zeitliches Warten mehr war, nein, das war es nicht, aber es war ein zeitloses Reifen in jener zeitlosen Ursphäre der Seele, die das Ich beherbergt, Reifen der gemeinsamen zeitentbundenen Erlösung, von der unsere letzte Wirklichkeit lebt. In der Sanftheit des sommerlichen Firmaments schwammen die Gestirne, spiegelnd das Sein im Widerspiel der Unermeßlichkeiten, aufgelöst das Irdisch-Menschliche im Unsagbaren, und ich, den Spitalspark durchquerend, fühlte die Klarheit und die Richtigkeit des Geschehens.

Meine Zukunftssicherheit war nicht berechtigt, meine Überlegungen waren unzutreffend gewesen, meine Hoffnungen sollten zur Verzweiflung werden, und dennoch hätte es nichts genützt, wenn ich mich damals anders verhalten hätte; die Dinge wären so oder so in der nämlichen Weise abgelaufen. In den Augen der geliebten Frau hatte ich mich wohl richtig verhalten, und die Wochen wachsender Vertrautheit, die nun folgten, waren sicherlich eine Frucht meines Verzichtes. Es war Vertrautheit und es war Spannung. Und eines Morgens kam sie mit einem großen versiegelten Paket zu mir: „Ich will unfair gegen Sie handeln, unfair, weil Sie meine Bitte nicht abschlagen werden ... Sie müssen den Mut haben, verbotene Literatur aufzubewahren, nicht sehr viel Mut, denn bei Ihnen wird man sie niemals suchen."

Einen Herzschlag lang durchzuckte mich, schneidend und bösartig, der Argwohn, ihre Zuneigung könnte bloß ein taktisches Manöver gewesen sein, um mich in den Dienst ihrer politischen Operationen zu stellen, allein dann sah ich ihre Augen und ihre finstermutige Ruhe und ich sah ihre Wahrhaftigkeit: „Sie sind nicht unfair", sagte ich, „oder meinen Sie, daß Sie sich jetzt aus Fairneß hingeben müßten, um geleistete politische Gefälligkeiten zu entlohnen? Edle Spioninnen machen es so im Kino."

Sie lachte nicht: „Darüber werden keine Witze gemacht, weder über die Politik noch über die Liebe... mir ist nämlich mit beiden verteufelt ernst... ach Gott..." Und sie verstummte.

„Nun, warum ach Gott?"

„Weil dies alles mehr als ernst ist, grausam ernst und recht arg, und weil ich gegen Sie rücksichtslos bin . . . aber mit Fairneß werden keine Revolutionen gemacht; das sind nun einmal unsere Methoden."

„Vor allem sind Sie gegen sich selber rücksichtslos und unfair, Barbara, und ich fürchte, daß sich das eines schönen Tages rächen wird." — „Jawohl", antwortete sie, „es rächt sich bereits, aber anders, als Sie denken... ich beginne, eine schlechte Kommunistin zu werden und wohl auch eine schlechte Ärztin." — „Das habe ich bisher noch nicht gemerkt." — „Doch", sagte sie. Ich verstaute das Paket. Sie blickte zum Fenster hinaus, in die leise zitternde glastige Luft, die draußen, gleichsam von der Erde angesaugt, in einer beinahe süßmüden Trockenheit glühte; dann wandte sie sich: „Der August ist eine grausame Zeit, man spürt die Ernte... selbst in der Stadt." —

„Barbara", sagte ich, „geben Sie mir Ihre Hand." Sie lächelte müde und ein bißchen weh: „Die Hand der Spionin, Herr Doktor?" —

„Nein, Ihre Hand." — „Lieber nicht", sagte sie und entfernte sich.

Kein Mann ist eitelkeitsfrei, und so waren mir die Berufserfolge, die sich gerade um jene Zeit hintereinander einstellten, nicht nur eine fachliche Ehrgeizbefriedigung, sondern auch huldigender Stolz vor der geliebten Frau, und aus ebensolchen, vielleicht ein wenig unerwachsenen, immerhin jedoch begreiflichen Gründen begrüßte ich es, daß ich vom Ärztekongreß zu einem Vortrag über meine letzten Arbeitsergebnisse eingeladen worden war.

Als ich hinfuhr, hatte ich mich tags vorher von ihr verabschiedet und war daher überrascht, sie auf dem Bahnsteig anzutreffen: „Holen Sie jemanden ab?“ — „Nein, ich begleite jemanden“; und sie lachte, weil ich nicht sofort kapierte, daß dieser Jemand ich war, und lachte, weil ich, bald doch kapierend, ein glückliches Gesicht machte, und sie lachte nicht mehr, als der Zug aus der Halle fuhr: sie stand dort auf dem weißen Zementstreifen zwischen den sonnenglitzernden Schienensträngen, hatte, ohne zu winken, die Hand leicht erhoben und war sehr ernst. Das war das Bild, das ich von ihr mitnahm, ein Bild, das sich mir für ewig einprägte, bleibend und intakt in all seinen Einzelheiten. All die anderen Bilder dieser Reise wurden von seiner Unverlierbarkeit durchtränkt; es waren die Bilder der Sommerwolken, die zu den elfenbeinfarbenen Gipfeln im Westen hineilten; es war das Bild der im kurz aufgrellenden Fackellicht, auf Nimmerwiedersehen, vorbeifliegenden Reparaturarbeiten am Gemäuer eines Tunnels, durch den der Zug hohlsausend hindurchfuhr; es waren die Bilder der erntemüden Bäume, die die Landstraßen zwischen den Garbenfeldern säumten, die Bilder der abendlich und nächtlich werdenden Wiesen, ein letztes Bauerngespann über sie hinholpernd, unvernehmbar sein Knarren, es war der Feldweg, von Gehöft zu Gehöft abendfriedlich sich hinschlängelnd, hügelauf und -ab und wieder versteckt in Ackermulden; es war das Bild eines Mädchens, das dort wandelte — Bild um Bild, sie alle auf Nimmerwiedersehen, und trotzdem blieben sie alle, verankerten sich für ewig in mein Gedächtnis, getragen von dem Bilde des Bahnhofes und des Abschiedes, eingegangen in eine unverlierbar unverlöschliche Ganzheit, lebend im Zusammenklang der Ordnungen, bleibende Wirklichkeit, die immer wahrer wird, je mehr sie entschwindet: ein Wahrwerden. Denn auf dem Grunde solch zunehmenden Wahrwerdens lag ein noch größeres Wissen, und dieses vor allem hatte ich mitgenommen: es war das Wissen um die Entscheidung, die im Augenblick unseres Abschiedes gefallen war, das Wissen um die eingetretene Reife unserer Gemeinsamkeit. Damals, nach meinem Vortrag, schrieb ich ihr zum ersten Male, mußte ihr schreiben, gezwungen von meinem glückhaften Wissen, gezwungen von Zuversicht, von Heimatsgeborgenheit, von Seinsvertrauen, gezwungen von meiner ganzen Aufnahmebereitschaft für sie, bezwungen von meiner Sehnsucht, zu der sich das herbstlich werdende Licht jener Tage wundersam quellend verwandelt hatte.

Heimgekehrt, ging ich sofort in den Kindertrakt. Ich fand sie im oberen Hauptsaal am Bett eines kleinen Mädels, und sie war in einer Aufregung, die mit ihrer sonstigen Ruhe in seltsamem Widerspruch stand, in einem um so seltsameren, als der Fall eigentlich nichts ausnehmend Bemerkenswertes bot: das Kind war am Vortag nach einem Autounfall eingeliefert worden, es wies alle Symptome einer Gehirnerschütterung auf, den schwachen unregelmäßigen Puls, die herabgesetzte Temperatur, die Somnolenz, die zwar nun schon über vierundzwanzig Stunden andauerte, aber schließlich auch nichts Außergewöhnliches darstellte, ja, es hatte sich der Zustand nach erfolgtem Blutentzug sogar relativ gebessert, kurzum, alles war auf das eindeutigste gegeben, und sie war dennoch von dem Gedanken verfolgt, daß das Kind einen Hirndruck erlitten hätte, also eine Schädigung, der nur durch einen so gewagten Eingriff wie eine Trepanation oder eine Lumbalpunktion beizukommen wäre.

Während ich untersuchte, sagte sie mit verzweiflungsvoller Düsterkeit: „Ich kann's nicht entscheiden ..." — „Was meinen denn die Kollegen?" — Sie zuckte die Achseln: „Ausnahmslos Gehirnerschütterung ... gerade deshalb habe ich ja auf Sie gerechnet ..."

Ich war von ihrer Befürchtung einigermaßen betroffen: „Hören Sie, ich kenne die Zuverlässigkeit Ihrer diagnostischen Intuition, und wenn Sie mir den geringsten Anhaltspunkt lieferten, würde ich Ihnen unbedingt folgen, sonst aber könnte ich hier gleichfalls bloß Gehirnerschütterung annehmen." — Ihr Ton wurde noch verzweifelter: „Meine Zuverlässigkeit ist dahin ... ich habe keinen Blick mehr, nur noch Ahnungen und Angst ... angstvolle Ahnungen." — „Das genügt freilich nicht, um einen so schweren Eingriff vorzunehmen." — „Nein, das genügt nicht ... das ist es ja eben ... ich kann meinen Beruf nicht mehr ausüben." — Sie war aufs äußerste überreizt und überarbeitet und hatte gewiß die ganze Nacht durchwacht.

„Barbara", sagte ich, „Sie haben sich arg übernommen ... Sie sehen Gespenster ... das ist ein so simpler Fall, wie Sie und ich deren schon unzählige behandelt haben ... es ist alles geschehen, was notwendig war. Mit ein bißchen Morphium kommen wir unter allen Umständen durch ... weder Sie noch ich können die Verantwortung für eine solche Operation auf uns laden ... beruhigen Sie sich ..."

Sie preßte ihre Hände, ihre starken schönen weiblichen Hände ans Herz: „Es mag sein, daß Sie recht haben", sagte sie. — „Sicherlich habe ich recht, soweit menschliche Voraussicht reicht, und wenn ich Ihnen jetzt befehle, sich vor allem ein paar Stunden auszuschlafen, so habe ich sogar absolut recht ... ich übernehme inzwischen gerne Ihren Dienst, die Schwester soll mich anrufen, wenn was los sein sollte ... es wird aber nichts los sein ..." Sie nickte bestätigend.

Das war am Nachmittag, etwa gegen fünf. Ich hatte viel rückständige Arbeit bei mir vorgefunden, die Schwester hatte nicht angerufen, und so war es ziemlich spät am Abend, als ich wieder hinaufkam. Natürlich hatte sie nicht geschlafen, sondern saß noch immer oder aufs neue bei dem Kinde, das mit seinen Eisbeuteln so dalag, wie ich es verlassen hatte, nach wie vor in Bewußtlosigkeit. Nichtsdestoweniger hatte ich den Eindruck einer Besserung, das Herz schlug kräftiger und ruhiger, die Blässe war weniger wachsig, der Atem tiefer. „Schluß", sagte ich, „die Sache verläuft normal ..." — „Wenn wir eine Lumbalpunktion machen wollen, müßte es jetzt geschehen", entgegnete sie mit merkwürdiger Hartnäckigkeit, „sonst wird es zu spät." — „Ja, um Himmelswillen, warum denn? sehen Sie Lähmungserscheinungen?" — „Nein."

Die Art, mit der sie das Kind nunmehr betrachtete, war nicht mehr die eines Arztes; eine nichtwohlwollende, fast haßerfüllte zornige Angst lag in ihren Augen. Und dann sagte sie schlaff: „Ich weiß es nicht mehr ..." — „Nun eben ... kommen Sie ein wenig an die Luft, hier können Sie im Augenblick ohnehin nichts anderes tun, als sich selber noch weiter in Panik zu versetzen ... Sie haben den Maßstab verloren, so etwas kann geschehen ... geben Sie den Fall morgen an einen Kollegen ab, und jetzt kommen Sie ..." Sie schickte sich drein und erhob sich: „Gut, gehen wir."

Unter den Kastanien war es dumpf und schwül, die Luft starr und gelähmt, und um freier atmen zu können, schlug ich den Weg zu der Aussichtshöhe ein, die den Spitalgarten bekrönt. Wir sprachen nichts; die Spannung war zu groß, die Bedrückung war zu groß. Die Mauern des Pavillons links und rechts schimmerten weiß in der mondlosen Dunkelheit, manchmal warf eine Glühlampe der Parkwege ihren Schein auf die Geranien vor den Fenstern, die hier zu einer unpersönlichen besitzlosen Fröhlichkeit gepflegt werden, gespenstisch rot waren die Blumen angemalt, trübe schimmerte die Nachtbeleuchtung hinter den Scheiben der Krankensäle, in denen gespenstisch unpersönliche zweibeinige Wesen lagen, neutrale Krankheitsträger, die von ihren Krankheiten befreit zu werden hatten, und doppelt gespenstisch fand ich es, daß ein einziges Wesen in dieser Welt, das Wesen neben mir, aus solcher Unpersönlichkeit herausgehoben sein sollte und daß es eine Frau, daß es für mich die Frau war. Sonderbar gedämpft, als trüge die Luft den Schall nicht weiter, war der Stadtlärm vernehmlich, und als wir auf dem Aussichtspunkt angelangt waren, dessen etwas monumentaler tempelhafter Halbbogen, geziert mit hygienischen Reliefs, die steinerne Rundbank umgibt, da war der Herbsthimmel ringsum eine Kuppel rotschwelenden Wartens, gespensterhaft erleuchtet von den Stadtlichtern, sternenlos vor rötlichem Dunst, sternverhüllt die Menschenhäuser darunter, und die flimmerlos trüben Punkte, die sich am schwarzgläsernen Horizontrande zeigten, waren kaum Gestirne zu nennen.

Wir setzten uns auf das steinern monumentale Gebilde, und beinahe hätte man da meinen können, es sei zur Aussicht in die Hölle der Starrheit errichtet worden: unbewegt mechanisch wechselten die Lichtreklamen auf den Dächern, mit schlaffer Starrheit drang das Getöse der Straßen herauf, hart und heiser klangen die Autohupen und das Läuten der Straßenbahn hinein, unbewegt dies alles trotz aller Bewegung, unbewegt zogen sich die Linien der Straßenlaternen an der Stadtgrenze, und die gespenstische Bewegungslosigkeit des Menschenwerkes und seines automatischen Ablaufes, sein blickloser Mechanismus hatte die ganze Welt in Besitz genommen, strahlte auf bis zum Himmel und ließ selbst die Bäume und ihr Laub zu duftlos höllischer Unnatur erstarren, regungslos der Lärm, regungslos das Licht, regungslos die Bewegung, regungslos die Luft; wir aber, umgeben von der Unnatur der Stadt, wir, in solche Unnatur eingegliedert, dem Menschenwerk, den Menschengedanken untertan, wir saßen da in unseren weißen Mänteln wie zwei Spitalmechaniker, untertan der wahnwitzigen Gewalt menschlicher Einrichtungen und der in sie eingebauten Logik, die stärker ist als das Herz und die Seele und das Nervensystem des Menschen, stärker ist als die Urgewalten der Natur, und doch war in uns der tiefruhende Atem der Schöpfung, sich selbst schöpfend und aberschöpfend vor unablässig sich erneuerndem Sein; er allein lebendig in der starren Bewegungslosigkeit der Nacht, in der Bewegungslosigkeit eines Zeitablaufes, der tief und spät wurde, losgelöst von allem Räumlichen im unerlauschbaren, unerschaubaren Schacht der Unendlichkeit, in dem rotschwelenden todesschwangeren Schacht der Unnatur.

„Das Kind wird sterben", hörte ich Barbaras Stimme neben mir, und auch diese Stimme war unnatürlich, war monoton und starr und absterbend. Erst wußte ich nicht, ob ich dies nicht selber nur gedacht hatte, doch als ich sie anblickte und sie monoton „Es wird sterben“ wiederholte, weckte es mich so weit auf, daß ich mich zurechtfand: „Habe ich Sie deshalb weggeführt, Barbara?“

Sie zog die Brauen zusammen, wie einer, der wieder zu sehen beginnt, und es verstrich eine ziemliche Frist, bis sie begriffen hatte und antworten konnte: „Es ist schwer, sich aus einem derartigen Zustand zu reißen, wenn er einmal zwei volle Tage angedauert hat... aber ich möchte auf alle Fälle noch einmal nachschauen.“

Die Erwähnung dieser zwei Tage brachte mich auf einen Gedanken, den ich wahrlich schon früher hätte haben sollen: „Sagen Sie, Barbara, haben Sie seit gestern überhaupt einen Bissen gegessen...?“ — Sie dachte ernsthaft nach: „Vielleicht... ich weiß es wirklich nicht.“ — „Also dann zurück... Sie bekommen einen Tee, entweder bei Ihnen oder bei mir... glücklicherweise gibt es so etwas wie eine Urgewalt, welche Hunger heißt, und hoffentlich finden wir auch die hierzu nötigen Nahrungsmittel.“

Ich war froh, ihren zürnenden Zug wieder in ihrem Gesicht zu finden: „Müssen Sie unbedingt mich kommandieren?... zuerst schau ich zu dem Kinde, und dann... ja, dann werden wir sehen...“

„Wenn Sie wollen, besorge ich die Visite für Sie... und mein Kommandorecht lasse ich mir nicht nehmen; immerhin bin ich noch Ihr Vorgesetzter, und ich habe Sie offiziell von Ihrem Dienst abgelöst...“

Ein Anflug von Heiterkeit ging über ihr Gesicht: „Überflüssig, Herr Primarius, ich bin bereits turnusgemäß abgelöst und augenblicklich offiziell dienstfrei; Sie dürfen also Ihrerseits ruhig heimgehen... aber ich rufe bei Ihnen an und sage, wie es steht.“

„Dann will ich wenigstens mittlerweile den Tee für Sie vorbereiten.“ — „Lieber“, sagte sie und ging rasch davon.

Es dauerte ziemlich lange, bis sie anrief. Ich hatte inzwischen Tee aufgegossen, hatte alles, was ich an Eßbarem in meiner Junggesellenwirtschaft besaß, zusammengesucht und war bemüht gewesen, den Tisch so gut und schön, als ich nur konnte, zu decken. Endlich klingelte das Telephon. „Was macht das Kind?“ — „Unverändert, eher sogar etwas besser ... ich komme zu Ihnen.“ — „Herrlich, der Tee ist fertig“, sagte ich noch, indes sie hatte es nicht mehr gehört, und ich, in der Erwartung, daß sie nun sofort erscheinen werde, beeilte mich, mit meinen Vorbereitungen korrekt feierlicher Ordnung zu einem Ende zu kommen, hängte die Kleider in den Kasten, räumte die herumliegenden Rasierutensilien ins Schubfach und fand bald nichts Störendes mehr im Zimmer außer meiner Ungeduld. Denn unverständlicherweise ließ sie mich warten, und im Grunde von ihren Befürchtungen angesteckt, begann ich unruhig zu werden, annehmend, es müßte bei dem Kinde nun doch ein Zwischenfall eingetreten sein, der meine Anwesenheit erforderlich machte. Schon hatte ich den Mantel wieder angetan und wollte mich auf den Weg begeben, da hörte ich ihren raschen Schritt im Korridor, und ehe ich noch selber öffnete, hatte es angeklopft und sie kam herein: meine gastlichen Vorbereitungen bemerkend, blieb sie lächelnd stehen, als ich jedoch auf sie zutrat, drehte sie den Schalter neben der Türe ab. Ein unsäglicher mütterlicher Friede, tiefverschleiert, erntereif, erinnerungsgroß, umfing mich, da ich ihre Arme um meinen Nacken fühlte. Die Heimat.

Ich weiß nicht, ob ich von Glück sprechen darf, doch was ich erlebt hatte, war das Beseelte schlechthin: jenseits des Sichtbaren, durchsichtig in der Dunkelheit leuchtend, war es die Landschaft ihrer Seele, deren ich gewahr wurde, geschlossenen Auges sah ich sie, die abendempfangende Landschaft, die sich leise der Verschleierung und der landschaftslosen Tiefe entlöste, ihr Antlitz beseelend, und beseelt war die Nächtlichkeit des unsichtbar Sichtbaren, beseelt das Fühlbare jenseits des Fühlens, durchseelt jeder Atemzug und jede Faser ihres Körpers, durchseelt waren sogar die Knochen ihres Gerippes, Armspeiche und Elle und Fingergelenk, sogar die Zähne, durchseelt von Weiblichkeit, mich mit unendlich träumender Weiblichkeit durchtränkend; Erinnerung und

Vergessen wurden eines, wurden zur wahren Erinnerung des Seins und des Weltenanfanges, während auf dem goldenen Grunde aller Finsternis, im tiefsten Schacht der Ozeane, der Berge und der versunkenen Inseln, schwerelos trauerschwer, unerreichbar der Sprache, ja unerreichbar dem Blicke, im Unerschaubaren, Unerrufbaren, in jener Ursphäre, die unter den Spiegeln und Aberspiegeln der Welten und Aberwelten liegt, in der Äonensekunde, die alle Kontinente der vergessenen Erinnerung umfaßt, bildlos geworden durch die Fülle der Bilder und alle Bilder des Seins erzeugend, ihr Antlitz schimmerte, gefeit vor Zeit und Raum, gefeit vor dem ganzen Lebensablauf, schimmernd in sterndunkler Flut, und es war das Antlitz meines eigenen Vergessens, es war mein Ich und das ihre zugleich, ruhend und geruht, träumend und geträumt, versinnlicht und entsinnlicht in der Erleuchtung unseres tiefsten schmerzlichsten wissend-ahnenden Ausruhens. War dies noch Glück zu nennen? Es hätte wohl eines neuen und noch tieferen Auges in dieser letzten Sphäre des Schweigens und Staunens und Ruhens bedurft, um zu erkennen, wie weit ich selber noch Glück empfand und wie weit ich bereits in das andere Ich verwandelt war, in dieses Ich, dem ich grenzenlos angehörte, da seine geheimnisvolle Unendlichkeit mich aufgenommen hatte. Denn nur wer in seinem eigenen Ich verbleibt, vermag glücklich oder unglücklich zu sein, nur der, dessen Blick noch vom Tierhaften und vom Engelhaften seines doppelten Ursprunges bestimmt ist, weiß in der wehen Nacktheit der in sich beschlossenen Seele von ihrem Jubel und von ihrem Leid; ich jedoch, jeglicher Starrheit entlassen, so daß ich heimkehren konnte in das Gleichnis der Einheit, ich hatte in deren abendempfangender unauslotbaren geheimnisträchtiger Wiedergeburt, im Echo des Lebensgrundes und Lebensabgrundes, traumhaft, schattenhaft und trotzdem übergleichnishaft, so sehr war es von seiner werdenden Wahrheit erfüllt, das Du gefunden, das Du welches ich bin, die Einheit aller Wirklichkeiten, ihre mild-gewaltige mild-tröstliche Musik und ihr schreckensvoll heiliges Verlöschen, ihr Dahingehen im Wissen des

Seins. Dies war jenseits des Glückes. Freilich, später — sie hatte mich verlassen — da hörte ich das zarte Singen des Glückes nicht in mir —: die Welt sang, ich stand am Fenster, der rote Dunst unter der Himmelskuppel war verschwunden, die Nacht war leicht geworden und voller Sterne, und durch die verzauberte Entstarrung der Welt wehte, singend ihr Unausdrückbares, glückhaft und liebhaft und zart, silbern dahinstreichend über die Kastanienkronen, hauchleicht der erste Hauch des Morgenwindes; ein einzelner Vogel begann schüchtern zu zwitschern und begrüßte die erlöste Stille.

Und glückhaft war der Morgen, lächelnd das Licht, beinahe frühlingshaft, so leise war die Luft, gleichsam schwebend geworden, als sei sie schwebend gewordene Klarheit, seltsam beruhigt und beruhigend, flutend wie glasheller Wellenschlag, ein spielendes vielfältiges Wehen eines durchsichtigen Schleiers. Ich war zeitig im Kindertrakt, und eigentlich war ich bloß gekommen, um mich zu vergewissern, daß hier ebenfalls die entscheidende Wendung eingetreten war, so sicher war ich ihrer. Und richtig: das Kind war aus seiner Ohnmacht erwacht, es lächelte, und es hatte, so dünkte mich, glückhafte Augen. „Wo ist die Frau Doktor?" fragte ich die Pflegerin. — „Dienstfrei, Herr Doktor." — „Rufen Sie sie trotzdem, das heißt, sofern sie nicht schlafen sollte ... aber sie wird sich freuen."

Nach einer Weile kam sie. Ernst, sachlich, weißmantelig, finster die Brauen zusammengezogen, schritt sie durch die Bettenreihen, verfolgt von den erwartungsvollen Blicken der Kinder, und ihre Begrüßung für mich war ein trockenes „Wann ist sie aufgewacht?" — „Schon heute nacht, Frau Doktor", antwortete die Schwester an meiner Statt. Sie untersuchte genau, prüfte Herz und Atmung, doch in ihren Zügen blieb etwas besorgt Forschendes: „Es könnte sein", sagte sie endlich, „hoffen wir, daß es überstanden ist." — „Natürlich ist es überstanden", warf ich ein, und dann setzte ich überflüssigerweise hinzu, „ich bin sehr glücklich." Sie beachtete es nicht, sondern sagte bloß leise und beunruhigend sinnend: „Wenn es nur nicht ein freies Intervall sein sollte!"

Ihr Ernst berührte mich so sehr, daß ich nicht nur das Schicksal des Kindes, sondern auch das meine gefährdet sah; ich fühlte etwas Unheimliches aufdämmern, als sei das Erstarrte und Erstarrende wieder in der Nähe, drohend die starre Nachtwelt, umhüllt von der Dunkelheit der Seele und in diese einsinkend: „Nein", rief ich fast, „nein ... jetzt wird alles gut werden!" — „Legen Sie jedenfalls weiter Eisbeutel auf, Schwester", befahl sie, „und wenn Sie die geringste Veränderung bemerken, so rufen Sie mich." Und sie entfernte sich wieder. Als ich meinerseits ins Laboratorium zurückging, war es noch wolkenlos; nichtsdestoweniger hatte ich den Eindruck einer beginnenden Eintrübung, es war wohl Föhn im Anzuge. Der Tag wurde schwer.

Nachmittags rief sie doch an; ich hatte es kaum mehr erwartet. Ja, ich möge zu ihr kommen. Ich ließ alles liegen und stehen, und wie ein verliebter Gymnasiast hinübereilend, war ich innerhalb weniger Minuten bei ihr. „Verzeih", sagte sie. Ich war etwas verblüfft: „Mein Gott, was soll ich denn verzeihen?!" — „Du wirst es mit mir nicht leicht haben, Lieber . . . ich habe es selber schwer." — Sie umarmend, legte ich ihre Hände mir aufs Haar.

Es war an einem Donnerstag. Und tatsächlich setzte ein anhaltender Föhn ein. Am Sonnabend zeigten sich bei dem Kinde Lähmungserscheinungen, und in der Nacht vom Sonntag zum Montag verschied es. Die Diagnose des Hirndruckes und des freien Intervalls war richtig gewesen.

Sie nahm es schweigend hin. Meine Bestürzung war lauter, denn sie war von anderer Art; sie war äußerlicher: zwar hatte ich mir nicht den Vorwurf einer Fehldiagnose zu machen — wie dürfte man bei jeder Gehirnerschütterung mit Trepanation oder Punktierung vorgehen! — aber das Objektive spielt in den menschlichen Beziehungen eine geringe Rolle, und von Rechts wegen hätte ich in ihren Augen derjenige sein sollen, der mit

Leichtfertigkeit, ja mit einer leichtfertigen Autoritätsausnützung sich ihren Vermutungen entgegengestellt hatte; hätte sie sich daraufhin von mir abgewendet, ich hätte ihr mit einem Teil meines Wesens dazu das Recht gegeben, und ich war gerührt, daß sie es nicht tat. Sie lehnte jede Erwähnung des Geschehenen ab, sie blieb still, blieb in ihren dienstlichen Pflichten, denen sie mit noch ernsterem Eifer als früher nachging, und sie schien so durchaus mir zugetan geblieben, daß ich, lediglich mit den Plänen für unsere Zukunft beschäftigt, bald zu hoffen begann, daß nicht nur ihre Arbeit, sondern viel mehr noch meine Liebe imstande sein würden, sie über das Ereignis hinwegzubringen. Und gar als nach etwa drei Wochen, die seitdem verstrichen waren, sie meine Hand nahm, um mir mit still lächelnder Sachlichkeit mitzuteilen, daß sie glaube, ein Kind erwarten zu dürfen, da war es Erfüllung, und es war der vollkommene Trost, und wenn ich auch, sie an mich gepreßt haltend, in diesem Augenblicke gar nichts dachte, so wußte ich dennoch vieles, ich wußte, daß alle Wirklichkeit der Welt im menschlichen Herzen eingesenkt ruht, versunken die Welt selber, ich wußte um die Ewigkeit im Irdischen, ich wußte von der Zeit, die durch uns rinnt, vom Ahnen des Ur-Anfangs bis zum Enkel des Ur-Endes, singend ihre der Worte entlöste Sprache, und ich wußte um eine Seinssicherheit des Wir, in deren Mittelpunkt die geliebte Frau und ihr Kind stand.

Noch hielt ich sie an mich gepreßt, und schon sprach ich wieder von den Zukunftsplänen und ihrer Verwirklichung; grauäugig unter zusammengezogenen Brauen blickte sie mich an, es war ein Blick voller Zuneigung und Güte, und sie lächelte. Daß es das Lächeln eines Menschen war, der mit Luftschlössern spielt und nicht daran zu glauben vermag, das erkannte ich nicht, weder damals noch in der Folge, obwohl ihr Verhalten sich nicht änderte; sprach ich von Heirat, von Auflassung der Spitalpraxis, von der Übersiedlung aufs Land, so wandelte sich ihr finster nachdenkliches Gesicht holdselig zu diesem wehmütigen Lächeln, und sie sagte: „Wir haben

Zeit, Lieber ... später", doch darüber hinaus geschah eigentlich nichts. Was wirklich geschah, war eine Verdoppelung ihrer Arbeitsintensität. Neben ihrem normalen Dienst hatte sie mit serologischen Untersuchungen bei mir im Laboratorium angefangen, sie stürzte sich überdies mit erneuter Heftigkeit ins Politische, war an jedem ihrer freien Abende auswärts beschäftigt, und ich erkannte die Selbstbetäubung nicht, die sie zu alldem antrieb: im Gegenteil, ich nahm daran innerlich teil, ebensowohl an ihrer Laboratoriumsarbeit, von der ich beglückt annahm, daß sie ihre Tätigkeit der meinen annähern wollte, als auch an den mir absolut fernliegenden politischen Dingen, froh über den Freimut, mit dem sie mir von ihnen erzählte, froh über ihre Erfolge, froh über die Fortschritte der kommunistischen Zellenbildung, die sie im Spital und anderwärts organisiert hatte, und bei aller Unfraulichkeit solch propagandistischen Gebarens, es gab nichts an ihr, was mir nicht fraulich dünkte: von ihrer mitreißenden Überzeugung war ich gefangen. Und ich erkannte nicht, daß trotz dieser Anteilnahme, mit der ich sie begleitete, ich im wesentlichen keinen Zugang zu ihr besaß, daß das Kind, nach dem sie gebangt hatte und das sie von mir erwartete, immer mehr in den Hintergrund trat und daß sohin unsere Beziehung auf eine völlig andere Ebene geraten war. Ein einziges Mal wurde ich stutzig, nämlich als sie einmal — gebeugt über den Laboratoriumstisch und eine Eprouvette in der Hand — mit fast gleichgültiger Stimme und nebenbei die Bemerkung hinwarf: „Um unseres Kindes willen hat das andere sterben müssen." Indes, ich wollte es wohl nicht gehört haben; es war rasch wieder vergessen.

Im Oktober nahm sie einen dreitägigen Urlaub, angeblich um im Interesse unserer Heirat eine nachträgliche Erbschaftsangelegenheit zu ordnen. Die Überstürztheit ihrer Abreise war nicht weiter auffallend und störte mich nicht in meinem Gefühl absoluter Sicherheit; auf dem nämlichen Bahnsteig, auf dem ich drei Monate vorher mir ihrer Liebe innegeworden war, sagten wir uns auf Wiedersehen. In den folgenden Tagen brachten die

Zeitungen versteckte Andeutungen über einen mißglückten kommunistischen Putsch und ein verhütetes Ministerattentat. Da ich ein schlechter Zeitungsleser bin, hatte ich es nicht einmal beachtet; außerdem gab es damals im Spital besonders viel zu tun, und mir war dies recht, denn ich sehnte mich nach ihr und freute mich auf ihre Heimkunft. Die Tage vergingen, und sie kehrte nicht heim. Hingegen kam die Nachricht, daß sie sich in einem Hotelzimmer vergiftet hatte. Das von ihr verwendete Zyankali stammte aus dem Laboratorium.

Was danach und in den folgenden Monaten geschah, weiß ich nicht mehr. Viel später stieß ich einmal zufällig auf das versiegelte Paket, das sie mir einstens übergeben hatte. Erst zögerte ich, es zu öffnen. Als ich es dann doch tat, fand ich zuoberst einen Brief; er enthielt bloß eine Zeile: „Ich habe Dich sehr geliebt." Der Rest des Paketes bestand aus den genauen Putschplänen und aus Direktiven an die Organisationen für den Fall des Gelingens. Ich verbrannte alles.

DIE HEIMKEHR DES VERGIL

Von Hermann Broch

Stahlblau und leicht, getrieben von einem leisen Gegenwind, waren die Wellen des adriatischen Meeres dem kaiserlichen Geschwader entgegengeströmt, als dieses sich der calabrischen Küste genähert hatte, und jetzt, da es, die flachen Hügel zur Linken, langsam dem Hafen Brundisium zusteuerte, jetzt, da die sonnige und doch so todesahnende Einsamkeit der See sich immer mehr ins friedvoll Freudige menschlicher Tätigkeiten wandelte, genähert dem menschlichen Sein und Hausen, jetzt, da die Gewässer sich mit vielerlei Schiffen bevölkerten — mit solchen, die gleichfalls dem Hafen zustrebten oder die von dorther kamen — und die braunsegligen Fischerboote bereits die weißbespülten Ufer, die kleinen Dörfer, die kleinen Molen verließen, um zum abendlichen Fang auszuziehen, da war das Wasser beinahe spiegelglatt geworden; perlmuttern war darüber die Muschel des Himmels geöffnet, es war Abend, und man roch das Holzfeuer der Herdstätten, sooft die Töne des Lebens, ein Hämmern oder ein Ruf, von dorther herbeigetragen wurden.

Von den sechs Triremen, die in entwickelter Kiellinie einander folgten, trug die zweite, die größte und reichste von ihnen, mit bronzebeschlagenen Wänden und unter Purpursegeln, das Zelt des Augustus, und während die erste und die letzte dem Transport der Leibgarden dienten, hatten die übrigen das Gefolge des Caesars an Bord. Doch auf jener, die der augusteischen folgte, befand sich der Dichter der Aeneis, und das Zeichen des Todes stand auf seiner Stirne geschrieben.

Hatte er jemals anders als im Angesicht des Todes

gelebt? War ihm die perlmutterne Schale des Himmels, war ihm das Singen der Berge, war ihm das lenzliche Meer, war ihm der Flötenton des Gottes in der eigenen Brust je etwas anderes gewesen als ein Gefäß der Sphären, das ihn bald aufnehmen sollte, ihn zur Ewigkeit zu tragen? Ein Landmann war er gewesen, einer, der den Frieden des irdischen Seins liebt, und doch hatte er bloß an dessen Rand gelebt, am Rand seiner Felder, und er war ein Ruheloser geblieben, einer, der den Tod flieht und den Tod sucht, der das Werk sucht und das Werk flieht, ein Liebender und dennoch ein Gehetzter, der ein Leben lang durch die Landschaften geirrt war und den es schließlich als Fünfzigjährigen, Sterbenskranken, nach Athen getrieben hatte, als könnte ihm, nein, dem Werke dort eine letzte Erfüllung und Vollendung werden. Wer vermag inneres und äußeres Schicksal zu unterscheiden? Das Schicksal in seiner Dunkelheit hatte es so gewollt, und Schicksal war es gewesen, daß er dem kaiserlichen Freund in Athen begegnet war, so sehr Schicksal, daß die Aufforderung des Augustus, mit ihm in die Heimat zurückzukehren, wie ein Befehl der unabweislichen Gewalten gewesen war, der Unabweislichen, denen man sich zu unterwerfen hatte. Vergil, den kranken Leib auf das Lager gebettet, über dem die Segelrah mit der von Zeit zu Zeit dröhnenden Leinwand in den Tauen knarrte, sah die weißbesäumte Strandlinie vorbeigleiten, er spürte den Takt der zweihundert Ruder unter sich, er hörte das gleitende Schäumen des Kielwassers und den silbernen Guß, der mit jedem Herausheben der Ruder einsetzte, er hörte ihr Wiedereintauchen, und gleich einem Echo klang das nämliche von dem vorausfahrenden kaiserlichen und von dem nachfolgenden Schiffe herüber; er sah auch die Menschen auf dem Deck, die Leute des Hofstaates, die mit ihm fuhren, trotzdem nicht mit ihm, denn sein Reiseziel lag ferner als das ihre.

Schon sank die Dämmerung, als man Brundisiums schmale fjordartige Einfahrt erreichte; vor den Kastellen links und rechts des Kanales war zu Ehren des Caesars die Besatzung aufgestellt, ihre Begrüßungsrufe flogen auf, flatterten in dem grauen Licht, beinahe verwelkt in herbstabendlicher Feuchte, und Vergil, aus müden Augenwinkeln hinblinzelnd, war von einem roten Punkt in dem Grau gefesselt; und obgleich es sich nur als das rote Vexillum eines Fahnenträgers erwies, der, am Flügel seiner Manipel postiert, im Takt der Rufe die Stange mit dem Feldzeichen hochstieß, so war dieses im Dämmernebel vergehende Rot weit mehr ein Abschiednehmen denn eine Begrüßung. Doch unterhalb der Befestigungen bis herab zum steinigen Ufer war der Hang mit Sträuchern bewachsen, und gleichsam nach ihrem Laube greifend, streckte der Kranke die Hand aus. Wie weich war die Luft, Bad des Innen und Außen, Bad der Seele, fließend aus dem Ewigen ins Irdische, Wissen vom Kommenden im Diesseitigen und im Jenseitigen! Am Bug des Schiffes sang ein Musikantensklave, und Lied wie Saitenspiel, Menschenwerk beides, waren in sich beschlossen, menschenentfernt, menschenentlöst, Sphärenluft, die sich selber singt. Die Töne in sich eintrinkend, atmete Vergil, die Brust schmerzte ihn, und er hustete.

Dann wurde die Stadt im Innern der Bucht sichtbar, die hellerleuchtete Reihe der Häuser am Kai, eine Osteria neben der anderen, und davor die Menge, die sich angesammelt hatte, um der Ankunft des Caesars beizuwohnen; vielleicht fünfzigtausend, vielleicht hunderttausend Menschen, ein gewaltiges schwarzes Summen, das auf- und abschwoll. Auch auf vielen der verankerten Schiffe ringsum gab es schreiende Menschen, beleuchtet von festlichen Fackeln, und doppelt dunkel wuchsen die Maste und Taue und die gerafften Segel, ein sonderbar finsteres, verkreuztes und verwirrtes Wurzelwerk, aus dem Wasser in den noch lichten Himmel hinauf. Vorsichtiger und langsamer wurden nun die Ruder eingetaucht, das Kaiserschiff war schon bis an den Kai geglitten, wo es an dem vorbestimmten, von Bewaffneten freigehaltenen Platze anlegte, und es war der Augenblick, den das dumpf brütende Massentier erwartet hatte, um sein Jubelgeheul ausstoßen zu können, endlos, erschütternd, sich selbst anbetend in der Person des Einen.

Immer war Vergil vor der Masse zurückgeschreckt; nicht daß sie ihm Furcht einflößte, aber er empfand die Bedrohung, die in ihr lag, die aus ihr geboren wurde und das Menschliche gefährdete, eine Bedrohung, die Mitleid einflößte und zugleich zur Verantwortung aufrief, ja zu einer so großen Verantwortung, daß er oftmals schon gedacht hatte, unter ihr zusammenbrechen zu müssen, krank und todesnah von solcher Last geworden; mitunter freilich meinte er, daß diese Verantwortung nicht seine Sache wäre, vielmehr daß sie ausschließlich den Augustus anginge, aber allzu genau wußte er, daß die Verantwortung, die der Augustus auf sich genommen hatte, von ganz anderer Beschaffenheit war: Spanien war besiegt, die Parther hatten sich unterworfen, die Bürgerkriege lagen weit zurück, das Reich schien gesicherter, befriedeter, wohlhabender, als es je gewesen war, und doch war das Drohende vorhanden, ein drohendes Unheil, das auch der Augustus nicht abzuwenden vermochte, trotz seines Priesteramtes, ein sogar den Göttern unerreichbares Unheil, das von keinem Massengeschrei zu übertäuben war, eher noch von jener schwachen Seelenstimme, welche Gesang heißt und die, das Unheil ahnend, das Heil verkündet. Wieder ertönte das Jubelgebrüll, Fackeln wurden geschwungen, Befehle durchhallten das Schiff, dumpf flog ein vom Lande geschleudertes Tau auf die Deckplanken, und zwischen dem Getrappel der vielen eiligen Füße lag der Kranke, aber in seinem Herzen war das Wissen um die Hölle.

Waren ihm die Sinne geschwunden? Sicherlich hätte er sich gerne dem Gejohle der Menge verschlossen, das vulkanisch und unterirdisch und trägwellig über den Platz flutete, aber er klammerte sich an das Bewußtsein, klammerte sich daran mit all der Kraft desjenigen, der das Bedeutsamste seines irdischen Seins nahen fühlt und voller Angst ist, daß er es versäumen könnte, und nichts entging ihm, weder die hilfreichen Gesten und Worte des Arztes, der auf Befehl des Augustus an seiner Seite war, noch die dumpf befremdeten Gesichter der Träger, die mit ihrer Sänfte an Bord gekommen waren, ihn abzuholen, und weder die Stadt, die er mit allen Sinnen aufnahm, den kellerkühlen Hall ihrer engen Gassen und den vertrauten Gestank der Mietkasernen und ihres Unrates, noch der Urwaldgeruch des Massentieres, das ihn umtoste, nichts entging ihm, mehr noch, die Dinge waren ihm näher und deutlicher und wacher, als sie es ihm jemals gewesen waren, und bei aller Reisemattheit verlor er nichts von seiner stillen Würde, und er dankte freundlich für jede Handreichung, die ihm erwiesen wurde. Allerdings, es war eine schwebende Nähe, so schwebend, wie er es selber auf hocherhobener Sänfte war, es war die Nähe einer gleichsam schwebend gewordenen und entrückten Zeit, es geschahen die Dinge gewissermaßen unter Aufhebung jedweder Gleichzeitigkeit, und das im Fackellicht und im Lärme tosende Brundisium war ebensosehr das brennende Troja, so wie er, der durch die Flammen getragen wurde, der flüchtende und heimkehrende Aeneas war, blind und sehend zugleich in seinem Schweben, getragen von dem Sohne. Und auch als man ihn im Palaste zur Ruhe gebracht und gebettet hatte, hielt diese schwebende Wachheit an, blieb er weiter an solche Wachheit geklammert: draußen tobte die Straße, und in den Sälen des Palastes tobte das Fest, das die Stadt dem Augustus, der Augustus der Stadt gab, der alte müde Caesar, gefangen von seinem Amte und von seiner Macht, geklammert und angekettet an beide und an ihren Augenblick, und es war, als flössen Straße und Fest bis an das Krankenlager, als flösse das Gleichzeitige und Augenblickliche bis in die innerste Seele, sie durchfließend, ohne sie zu erreichen, da sie im Schweben war, schwebend im Gewesenen und Zukünftigen, hingegeben einem Warten, das ebensowohl nach vorwärts wie nach rückwärts gerichtet war, und die Augen des Vergil sahen bloß das milde Ölflämmchen der Nachtlampe.

Und da er sich und seine Gedanken zurückschickte, da bemerkte er, daß er zwar zu dem kleinen Jungen auf dem Bauernhof in Andes zurückzukehren vermochte, ja daß es eigentlich gar keine Rückkehr war, vielmehr ein unverändertes Weiterbestehen, so daß er jeden Herzschlag, den er damals erlebt, jeden Grashalm, den er damals gesehen hatte, jetzt ohne weiteres hätte beschreiben und aufschreiben können, und es ihm bloß verwunderlich deuchte, daß er, inzwischen gewachsen, als erwachsener siecher Mann hier liegen mußte, daß aber alles, was seit der Kindheit geschehen, immer schütterer wurde, immer verschwindender und vergessener, nicht nur der Gutshof in Nola mit seinen Bauern, seinen bergumsäumten Feldern und den sanften Tieren, sondern auch die vielen sonnebeglänzten Tage in Neapel, und sogar die Werke, die er geschrieben hatte, damit sie das Bleibende würden, waren verblaßt und kaum mehr dem Titel nach zu erinnern. Nichts von den Bucolica, noch weniger von den Georgica, und wenn überhaupt etwas verharrte, so war es die Aeneis, doch auch diese nicht, wie er sie gedichtet hatte, sondern als ein Geschehen, das von ihm geschaut und nur sehr mangelhaft eingefangen worden war. Warum war dies so? für wen hatte er gearbeitet? für welche Menschen, für welche Zukunft? stand nicht das Ende aller Dinge vor der Türe? war die Vergessenswürdigkeit des Geschaffenen nicht ein Beweis für den Zeitenabgrund, der sich nunmehr auftun wollte, die Ewigkeit zu verschlingen? Betrunkene Horden im Palast und auf der Gasse; noch trinken sie Wein, doch bald werden sie Blut saufen, noch leuchten sie mit Fackeln, doch bald werden ihre Dächer brennen und flammen, brennen, brennen, brennen. Und desgleichen werden die Bücher mit dem Rauch aufgehen. Mit Recht, mit Recht, mit Recht. In der Brust des Kranken brannte es, allein die Lippen des Schriftstellers lächelten ein wenig, denn der Brand würde auch die Bücher Horazens und Ovids kaum verschonen, und man mußte sagen, ebenfalls mit Recht. Keiner wird bestehen bleiben. Was aber dann? was vermöchte die Menschen noch zu retten, auf daß sie weiterlebten? Hieß es nicht zurückkehren in die Jugend der Menschheit, in die schlichte und sanfte Derbheit des bäuerlichen Lebens, von dem er selber seinen Ausgang genommen hatte und nach welchem er sich ein Leben lang hoffnungslos, ach so hoffnungslos zurückgesehnt hatte? was wußte der Augustus davon? er hatte das Reich gesichert, er hatte Bauten errichtet, er hatte ihn selber geschützt, er hätte es nicht tun sollen, der müde alte Mann, der immer noch lebte, heute noch unbedroht, der vielleicht so lange zu leben verpflichtet war, bis das Drohende auch an seine Türe pochen würde, an die Pforte der Paläste, die einstürzen werden, den Augustus und all seine Pracht, all die ewigen Kunstwerke unter sich begrabend. Oh, überflüssig sind die Kunstwerke, überflüssig all die Schönheit, die der Augustus und der Maecenas um sich angesammelt haben, und sie sind dem Untergang geweiht. Auf der Gasse schrien sie Augustus Retter und Augustus Vater — wird er es nicht büßen müssen? Schlaf? wer wollte schlafen, da Troja brennt!

Und als die Nacht schon weit vorgeschritten war, da sah Vergil viele zerstörte Städte und Heiligtümer vor sich, Städte, von denen er nicht einmal den Namen kannte und die ihm doch so bekannt waren wie die Stadt seiner Jugend, die Mantua hieß; er sah Babylon und Niniveh, er sah ein verwüstetes Theben und das oftmals zerstörte Jerusalem, und er sah das verödete Rom, ein Rom, durch dessen Gassen die Wölfe streiften, ihre Stadt wieder in Besitz zu nehmen, und er sah die Ohnmacht der Götter. Und dann trat ein Engel an sein Lager, seine Fittiche waren so kühl wie der Septembermorgen, welcher anbrechen sollte, und der Engel sagte: „Wachse nun, kleiner Knabe“, sagte es, als wäre es ein Trost, und es war einer, obgleich darin die Verkündigung des Todes enthalten war. „Gut“, antwortete Vergil und versuchte die Züge des Engels zu erkennen, „gut, dann will ich jetzt schlafen.“

Der Morgenwind strich das Fenster, und Vergil träumte von den Feldern im blondwogenden Erntekleid, er träumte vom Rinde, das neben dem Löwen lagert, er träumte den Frieden des Lebens, einen größeren Frieden als den, der vom Augustus der Welt geschenkt worden war, und er träumte davon, daß der Engel auch den Augustus besuchen werde. Denn durch all dieses Träumen hindurch schwebte ein Wissen, und wenn es auch keinen Namen hatte, sondern nur ein Bild war, ein Bild glückseligen Landes, nicht minder bekannt als die Bilder der rauchenden Städte, so war das namenlos Gewußte doch die wissende Namenlosigkeit der Liebe, einer männlich mütterlichen Liebe, die in die schmerzlich wartende, leidende, ihr geöffnete Welt ersehnt und sehnsüchtig einziehen sollte. Gerne hätte Vergil nach dem Namenlosen gefragt, doch als er die Lider aufschlug, da war das Gemach voll warmer Septembersonne, und statt des Engels stand flügellos und eher ein wenig beleibt der Maecenas vor ihm, ein besorgtes Lächeln in dem gutmütig tüchtigen, genießerischen Gesicht, und Vergil schloß rasch wieder die Augen, der verlorengegangenen Musik nachlauschend.

Weil aber das Singen sich nicht wieder einstellen wollte, rief er, noch immer geschlossenen Auges, nach seinem Besucher, und dieser antwortete: „Ja, mein Vergilius, ich bin hier."

„Es ist schön, daß du gekommen bist", sagte Vergil.

„Ich wußte um eure Ankunft; dich und den Augustus, sein Name sei gepriesen, einzuholen, eilte ich hierher."

Vergil nickte: „Ja, du bist mich holen gekommen ... das ist recht, du weißt den Platz am Posilip, der auf mich wartet."

Von Gräbern wollte Maecenas nichts hören: „Du bist nicht älter als ich", wehrte er ab.

Der Dichter blickte seinen Gast groß an, und in seinen Augen war unverkennbar die gewichtige Antwort zu lesen. „Höre, Maecenas", sagte er, „ich bereue es nicht."

„Oh, mein Vergilius, was hättest du wohl auch zu bereuen! du, der Dichter Roms!"

„Wäre ich bloß der Dichter Roms, ich hätte es zu bereuen!"

Maecenas schüttelte den Kopf, und seine Augen wurden feinschmeckerisch: „Du, der Dichter der Schönheit!"

„Wäre ich der Dichter der Schönheit, ich würde mich schämen, und meine Reue wäre groß."

„Bist du nicht der Dichter der Götter?"

„Nein ... glaubte ich an sie, wie sie es befehlen, ich hätte nie und nimmer dichten müssen ..."

„Doch du sangest zu ihrem Preis ...“

„Nein, ich sang, sie zu suchen ... und ich habe sie nicht gefunden, ich fand anderes ...“

Der genießerische Ausdruck in dem Gesicht des Maecenas verstärkte sich: „Dann wirst du uns singen, was du gefunden hast ... es wird herrlicher sein als alles Bisherige.“

Der genießerische Ausdruck in dem Gesicht des Maecenas, und selbst wenn mir dazu Zeit vergönnt wäre, ich möchte es nicht mehr ...“

Die Aufmerksamkeit, mit der Maecenas den Worten des Freundes und Dichters lauschte, wurde wehmütig, und er zitierte: „Nie mehr singe ich Lieder, und nicht mehr bin ich euer Hüter ... oh, Vergilius, soll es wahrlich so sein?“

„Das Lied wird erschweigen, Maecenas, und die Bildwerke werden gestürzt werden; doch du sollst darob nicht trauern, denn was zu künden sein wird, ist die Wahrheit, eine Wahrheit, an die keine Kunst heranreicht und vor der die Kunst verstummen muß ...“

Maecenas war verletzt: „Oh, niemals wird die Schönheit verstummen“, ereiferte er sich, „vor keiner Wahrheit wird sie erschweigen, und immer wird sie es sein, die die Wahrheit kündet ... schmähe nicht die Kunst, die der Gott dir geschenkt, Vergilius ...“

Wieder lächelte Vergil: „Ich schmähe sie nicht, ich beginne bloß, mich ihrer nicht mehr zu entsinnen ... aber ich bereue es nicht, Maecenas ... freilich nicht um der Schönheit willen ...“

Ehrfürchtig vor dem Dichter, ehrfürchtig vor dem Tode, wagte Maecenas keinen Einwand mehr, und er seufzte bloß. Vergil aber, geschlossenen Auges sprach weiter, und er sprach nicht mehr für den Maecenas, er sprach für sich: „Was nur um der Schönheit willen geschieht, das ist nichts und ist verdammenswürdig ... was aber um der Ahnung willen geschieht, das vermag das Herz des Menschen erklingen zu lassen, so daß es bereit wird für die kommende Verkündigung ... bereit wie eine

Leier, die unter dem Winde singen wird... es ist die Reinheit des Herzens."

Straße und Hof erschollen von Pferdegetrappel; es waren die Boten, die kamen und gingen, es waren die Vorbereitungen für den baldigen Aufbruch des Augustus, es war das staatlich höfische Getriebe, das den Palast erfaßt hatte. Dazwischen hörte man das Ächzen ländlichen Fuhrwerkes, das Schlurfen der Sandalen auf dem Pflaster, immer wieder übertönt vom schweren Tritt der Militärstiefel, und aus der weiteren Ferne war ab und zu das Geschrei des Marktes vernehmlich. Und von solchem Alltag zu dem Maecenas zurückgeführt, sagte Vergil freundlich: „Du bist in Staatsgeschäften zum Augustus gekommen, und es will mich dünken, daß die Geschäfte schon recht sehr lärmen... komme wieder zu mir, ehe ihr abreist..."

„Auch der Augustus will dich besuchen", bestellte Maecenas, indem er sich traurig und, bei aller Eleganz, ein wenig schwerfällig erhob, nicht ohne dabei die Falten seines Gewandes zurechtzuzupfen und in die richtige Lage zu bringen.

„Gut", stimmte der Kranke zu, „kommt beide zu mir ... soferne es die Geschäfte erlauben... und bis dahin sage dem Augustus, daß ich ihn liebe..."

Unschlüssig war Maecenas stehengeblieben, als erwartete er noch etwas Feierliches, zu dem die Stunde und die Freundschaft und die Ehrfurcht verpflichtet hätten, und auch Vergil spürte dies, aber er ließ es sich nicht anmerken; er lag da und schwieg, obwohl ihm der Abschied weh tat, und erst als der Maecenas sich entfernte, auf Zehenspitzen davonwippend und durch solch ungewohnten Gang in seiner Würde, die er trotzdem aufrechtzuhalten sich bemühte, wesentlich beeinträchtigt, da blinzelte ihm Vergil unter den Lidern nach, und wenn der Maecenas sich umgewandt hätte, so hätte er eine große Rührung in den Zügen des Dichters entdecken können, freilich auch eine ebenso große Verwunderung: Vergil befand sich in einer großen Verwunderung, einer Verwunderung, über die er sich erst jetzt Rechenschaft abzulegen begann, erstaunt über den Schmerz, den er um des Maecenas und des Augustus willen empfand, erstaunt, daß ihm dies so nahe ging, mehr noch, daß seine Augen dem Maecenas genau so nachblinzeln konnten, wie sie es stets getan hatten, daß sein Gehör noch die Geräusche der Stadt in sich aufnahm, verwundert des Geistes, der intakt geblieben war und in dem all dies sich abspielte! wahrlich, je brüchiger und je unsteter er in den vielen vergangenen Jahren sich selbst empfunden hatte, desto begieriger war er geworden, daß die Brüchigkeit fortschreite, desto mehr war seine Neugierde gewachsen, eine verwunderte und wunderliche Neugierde, die gerne die körperlichen Schmerzen und das Ungemach auf sich nahm, vielleicht sogar sie unterstützte, um das Ende zu beschleunigen, das Außergewöhnliche, das mit der Auflösung kommen mußte, damit sie Erlösung werde; und jetzt, da es so weit war, da war es noch immer das nämliche Schauen, das nämliche Hören, das nämliche Denken, wie es das ganze Leben stattgefunden hatte, und dies war verwunderlich. Nun war der Maecenas gegangen, froh, zu seinen Bildwerken heimkehren zu dürfen, zurück in die irdische Schönheit seines Palastes, ledig eines Mahners, der von solcher Schönheit nichts mehr wissen wollte, und fast schien es, als hätte der Maecenas recht, verwunderlich recht. Was wäre wohl an die Stelle der Schönheit zu setzen, da das Leben des Menschen nicht weiter reicht als sein Sehen und Hören? ach, das Herz vermag nicht weiter zu klingen, als es schlägt — warum also die Auflehnung gegen eine Schönheit, die es zur Reinheit seines Klingens bringt? Vergil versuchte darüber nachzudenken, indes, wieder waren es bloß Bilder, die sich einstellten, und wiederum waren sie voller Leid: mochten auch die Schlachtfelder des Reiches nun ferne sein, in Britannien, in Germanien, in Asien, es waren doch Menschen, die sich dort abschlachteten, und mochten die kaiserlichen Gerichte auch gerecht aburteilen, mochten es auch Verbrecher sein, die allenthalben auf den Richtstätten an den Kreuzen hingen und in ihren Schmerzen sich wanden, es waren doch Menschen, und Menschen waren es, die in den Arenen gehetzt wurden, zerstückelt, zerfleischt, Menschen, die einander töteten, blutvergießend, Blut, Blut, Blut, zum Ergötzen der Masse, Opfer, sinnlose Opfer zum Ergötzen des Massentieres und einer Irdischkeit, der auch der Augustus und auch der Maecenas, jeder auf seine Art, dienten, da sie alles so lassen wollten, wie es war, und höchstens nach Schönheit strebten, blind für die Dumpfheit, blind für den Blutdurst, blind für die Einzelseele, die im Ungezügelten, kaum Gebändigten zu versinken drohte. Was aber war all dem Blute, all den vielen Opfern, all den Qualen entgegenzuwerfen? Verse? waren Verse nicht zu wenig und doch zu viel? vermochten Verse eine solche Welt zu ändern? vermag der Mann, der die Folterungen begafft und sich ihrer freut, überhaupt Verse zu hören? bedarf es da nicht eines größeren Einsatzes, um sich Gehör zu verschaffen?! In der Tat, so ist es: wer nicht das Opfer überbietet, wer das sinnlos irdische Opfer nicht zum reinen Opfer des Überirdischen erhebt, wer nicht selbst in die Arena steigt, wer nicht selbst sich ans Kreuz heften läßt, wer nicht seine ganze Person, sein ganzes Leben darbringt, der kann nicht, der darf nicht, der soll nicht hoffen, daß es ihm jemals gelänge, das verwirrte und verstockte Menschenherz zu reinem Aufklingen zu erwecken! Er jedoch, wie hatte er selber gelebt? Er war geflohen! er war vor dem Opfer und vor dem eigenen Einsatz geflohen, er war geflohen von Landschaft zu Landschaft, bis er brüchig und müde geworden war, und er hatte Verse geschrieben, die gleichfalls nur Flucht waren, Flucht in die Schönheit. Nein, er war nicht besser gewesen als der Augustus und der Maecenas, er hatte ihre Meinungen und Haltungen in keiner Weise widerlegt, weder durch sein Leben noch durch seine Werke, und mit Recht durften die beiden die Widmung seiner Georgica und der Aeneis für sich beanspruchen. Kein Zweifel, die Werke gehörten ihnen, sie mochten sie mit sich nehmen und sie behalten, sie waren sein Vermächtnis an sie, die Freunde, die er liebte und nun doch nicht mehr sehen wollte, wenn sie jetzt abreisen würden, kaiserlich feierlich nach dem irdischen

Rom. Oder waren sie gar schon fort? Vergil lauschte: in dem Palast war es merklich stiller geworden, und auch der Lärm der Stadt klang wesentlich gedämpfter. Sollten sie ihn tatsächlich ohne Abschied verlassen haben? eine Wolke des Unmuts ging über des Dichters Stirne: er hätte ihnen gerne noch gesagt, daß in all seinen Werken etwas Verborgenes wohnte, etwas, das mit eigentlicher Schönheit wenig zu tun hatte und das wichtiger als jegliche Schönheit war, etwas, das man freilich erst ergründen mußte, wie er ja selber erst heute diesem Sachverhalt auf die Spur gekommen war. Es wäre wohl der Mühe wert gewesen, ihnen dies noch zu sagen. Doch vielleicht waren sie noch gar nicht abgereist, vielleicht hatte man bloß, den Lärm abzudämpfen, die Straße mit Stroh bestreut und den Pferden die Hufe mit Tüchern umwickelt, weil man wußte, daß er krank hier daniederlag, daß die Brust ihm brannte und daß er über das Verborgene des eigenen Werkes nachsinnen mußte, lauschend einem Mittagslichte, das er nicht mehr sah. Und je schärfer er hinhorchte, desto verebbter und entfernter klangen die Geräusche des Lebens, sie waren wie Vorhänge, die sachte von einer Hand weggenommen wurden, einer nach dem andern, bis nichts übrigblieb als das, was zwischen den Worten und den Zeilen eingebettet gewesen war, und dies war die Gesinnung seines eigenen Herzens und des Herzens Ahnung, Schönheit auch sie, und doch des Herzens Opfer. Stiller und stiller wurde es, und es ward zu der Stille, die den Sänger empfängt, ehe er in die Saiten greift. Die große Stille der Menschheit, die nicht mehr Masse ist, sondern Gemeinde der Seelen, Atem der Klarheit, der hinüber- und herüberweht, das gemeinsame stumme Sphärenlied gleich erklingend. Vergil, der Sänger, lauschte, er war gespannt, gespannt wie die Saiten einer Leier, ja, er war selber die Leier, und er erwartete die Hand, die nach seinem Herzen greifen würde, damit es in seiner reinen Spannung erklinge, sehnsüchtig erwartete er diese Hand, denn wenn es klingen würde, dann würde das Herz nicht mehr brennen. Und siehe, während er so lauschend lag und immer deutlicher es spürte, wie die mütterliche Hand der Liebe sich seinem Herzen näherte, und wie die Mittagsnacht immer stiller und dichter sich herabsenkte, erfüllt von dem Rieseln der Abendbäche, beschattet von den Eichen und Pinien, so daß Nymphen wie Hirten schon längst in der Dunkelheit entschwunden waren, oh, in dieser Landschaft des Abends, die er liebte, obgleich er sie längst nicht mehr sah, breitete Vergil die Arme aus, als wollte, als müßte er sich mit ihr verkreuzen und für immer in sie eingehen, denn er hörte aufs neue den Engel, und der sagte: „Wachse, kleiner Knabe, wachse, klinge und führe, Führer durch die Zeiten, ahnend im Zeitlosen."

DAS URTEIL

Von Franz Kafka

Es war an einem Sonntagvormittag im schönsten Frühjahr. Georg Bendemann, ein junger Kaufmann, saß in seinem Privatzimmer im ersten Stock eines der niedrigen, leichtgebauten Häuser, die entlang des Flusses in einer langen Reihe, fast nur in der Höhe und Färbung unterschieden, sich hinzogen. Er hatte gerade einen Brief an einen sich im Ausland befindenden Jugendfreund beendet, verschloß ihn in spielerischer Langsamkeit und sah dann, den Ellbogen auf den Schreibtisch gestützt, aus dem Fenster auf den Fluß, die Brücke und die Anhöhen am anderen Ufer mit ihrem schwachen Grün.

Er dachte darüber nach, wie dieser Freund, mit seinem Fortkommen zu Hause unzufrieden, vor Jahren schon nach Rußland sich förmlich geflüchtet hatte. Nun betrieb er ein Geschäft in Petersburg, das anfangs sich sehr gut angelassen hatte, seit langem aber schon zu stocken schien, wie der Freund bei seinen immer seltener werdenden Besuchen klagte. So arbeitete er sich in der Fremde nutzlos ab, der fremdartige Vollbart verdeckte nur schlecht das seit den Kinderjahren wohlbekannte Gesicht, dessen gelbe Hautfarbe auf eine sich entwickelnde Krankheit hinzudeuten schien. Wie er erzählte, hatte er keine rechte Verbindung mit der dortigen Kolonie seiner Landsleute, aber auch fast keinen gesellschaftlichen Verkehr mit einheimischen Familien und richtete sich so für ein endgültiges Junggesellentum ein.

Was wollte man einem solchen Manne schreiben, der sich offenbar verrannt hatte, den man bedauern, dem man aber nicht helfen konnte. Sollte man ihm vielleicht raten, wieder nach Hause zu kommen, seine Existenz hierherzuverlegen, alle die alten freundschaftlichen Beziehungen wiederaufzunehmen — wofür ja kein Hindernis bestand — und im übrigen auf die Hilfe der Freunde zu vertrauen? Das bedeutete aber nichts anderes, als daß man ihm gleichzeitig, je schonender, desto kränkender, sagte, daß seine bisherigen Versuche mißlungen seien, daß er endlich von ihnen ablassen solle, daß er zurückkehren und sich als ein für immer Zurückgekehrter von allen mit großen Augen anstaunen lassen müsse, daß nur seine Freunde etwas verstünden und daß er ein altes Kind sei, das den erfolgreichen, zu Hause gebliebenen Freunden einfach zu folgen habe. Und war es dann noch sicher, daß alle die Plage, die man ihm antun müßte, einen Zweck hätte? Vielleicht gelang es nicht einmal, ihn überhaupt nach Hause zu bringen — er sagte ja selbst, daß er die Verhältnisse in der Heimat nicht mehr verstünde —, und so bliebe er dann trotz allem in seiner Fremde, verbittert durch die Ratschläge und den Freunden noch ein Stück mehr entfremdet. Folgte er aber wirklich dem Rat und würde hier — natürlich nicht mit Absicht, aber durch die Tatsachen — niedergedrückt, fände sich nicht in seinen Freunden und nicht ohne sie zurecht, litte an Beschämung, hätte jetzt wirklich keine Heimat und keine Freunde mehr, war es da nicht viel besser für ihn, er blieb in der Fremde, so wie er war? Konnte man denn bei solchen Umständen daran denken, daß er es hier tatsächlich vorwärtsbringen würde?

Aus diesen Gründen konnte man ihm, wenn man noch überhaupt die briefliche Verbindung aufrechterhalten wollte, keine eigentlichen Mitteilungen machen, wie man sie ohne Scheu auch den entferntesten Bekannten machen würde. Der Freund war nun schon über drei Jahre nicht in der Heimat gewesen und erklärte dies sehr notdürftig mit der Unsicherheit der politischen Verhältnisse in Rußland, die demnach also auch die kürzeste Abwesenheit eines kleinen Geschäftsmannes nicht zuließen, während hunderttausende Russen ruhig in der Welt herumfuhren. Im Laufe dieser drei Jahre hatte sich aber gerade für Georg vieles verändert. Von dem Todesfall von Georgs Mutter, der vor etwa zwei Jahren erfolgt war und seit welchem Georg mit seinem alten Vater in gemeinsamer Wirtschaft lebte, hatte der Freund wohl noch erfahren und sein Beileid in einem Brief mit einer Trockenheit ausgedrückt, die ihren Grund nur darin haben konnte, daß die Trauer über ein solches Ereignis in der Fremde ganz unvorstellbar wird. Nun hatte aber Georg seit jener Zeit, so wie alles andere, auch sein Geschäft mit größerer Entschlossenheit angepackt. Vielleicht hatte ihn der Vater bei Lebzeiten der Mutter dadurch, daß er im Geschäft nur seine Ansicht gelten lassen wollte, an einer wirklichen eigenen Tätigkeit gehindert, vielleicht war der Vater seit dem Tode der Mutter, trotzdem er noch immer im Geschäft arbeitete, zurückhaltender geworden, vielleicht spielten — was sogar sehr wahrscheinlich war — glückliche Zufälle eine weit wichtigere Rolle, jedenfalls aber hatte sich das Geschäft in diesen zwei Jahren ganz unerwartet entwickelt, das Personal hatte man verdoppeln müssen, der Umsatz hatte sich verfünffacht, ein weiterer Fortschritt stand zweifellos bevor.

Der Freund aber hatte keine Ahnung von dieser Veränderung. Früher, zum letztenmal vielleicht in jenem Beileidsbrief, hatte er Georg zur Auswanderung nach Rußland überreden wollen und sich über die Aussichten verbreitet, die gerade für Georgs Geschäftszweig in Petersburg bestanden. Die Ziffern waren verschwindend gegenüber dem Umfang, den Georgs Geschäft jetzt angenommen hatte. Georg aber hatte keine Lust gehabt, dem Freund von seinen geschäftlichen Erfolgen zu schreiben, und hätte er es jetzt nachträglich getan, es hätte wirklich einen merkwürdigen Anschein gehabt.

So beschränkte sich Georg darauf, dem Freund immer nur über bedeutungslose Vorfälle zu schreiben, wie sie sich, wenn man an einem ruhigen Sonntag nachdenkt, in der Erinnerung ungeordnet aufhäufen. Er wollte nichts anderes, als die Vorstellung ungestört lassen, die sich der Freund von der Heimatstadt in der langen Zwischenzeit wohl gemacht und mit welcher er sich abgefunden hatte. So geschah es Georg, daß er dem Freund die Verlobung eines gleichgültigen Menschen mit einem ebenso gleichgültigen Mädchen dreimal in ziemlich weit auseinanderliegenden Briefen anzeigte, bis sich dann allerdings der Freund, ganz gegen Georgs Absicht, für diese Merkwürdigkeit zu interessieren begann.

Georg schrieb ihm aber solche Dinge viel lieber, als daß er zugestanden hätte, daß er selbst vor einem Monat mit einem Fräulein Frieda Brandenfeld, einem Mädchen aus wohlhabender Familie, sich verlobt hatte. Oft sprach er mit seiner Braut über diesen Freund und das besondere Korrespondenzverhältnis, in welchem er zu ihm stand. „Er wird also gar nicht zu unserer Hochzeit kommen", sagte sie, „und ich habe doch das Recht, alle deine Freunde kennenzulernen." „Ich will ihn nicht stören", antwortete Georg, „verstehe mich recht, er würde wahrscheinlich kommen, wenigstens glaube ich es, aber er würde sich gezwungen und geschädigt fühlen, vielleicht mich beneiden und sicher unzufrieden und unfähig, diese Unzufriedenheit jemals zu beseitigen, allein wieder zurückfahren. Allein — weißt du, was das ist?" „Ja, kann er denn von unserer Heirat nicht auch auf andere Weise erfahren?" „Das kann ich allerdings nicht verhindern, aber es ist bei seiner Lebensweise unwahrscheinlich." „Wenn du solche Freunde hast, Georg, hättest du dich überhaupt nicht verloben sollen." „Ja, das ist unser beider Schuld; aber ich wollte es auch jetzt nicht anders haben." Und wenn sie dann, rasch atmend unter seinen Küssen, noch vorbrachte: „Eigentlich kränkt es mich doch", hielt er es wirklich für unverfänglich, dem Freund alles zu schreiben. „So bin ich und so hat er mich hinzunehmen", sagte er sich, „ich kann nicht aus mir einen Menschen herausschneiden, der vielleicht für die Freundschaft mit ihm geeigneter wäre, als ich es bin."

Und tatsächlich berichtete er seinem Freunde in dem langen Brief, den er an diesem Sonntagvormittag schrieb, die erfolgte Verlobung mit folgenden Worten: „Die beste Neuigkeit habe ich mir bis zum Schluß aufbewahrt. Ich habe mich mit einem Fräulein Frieda Brandenfeld verlobt, einem Mädchen aus einer wohlhabenden Familie, die sich hier erst lange nach Deiner Abreise angesiedelt hat, die Du also kaum kennen dürftest. Es wird sich noch Gelegenheit finden, Dir Näheres über meine Braut mitzuteilen, heute genüge Dir, daß ich recht glücklich bin und daß sich in unserem gegenseitigen Verhältnis nur insofern etwas geändert hat, als Du jetzt in mir statt eines ganz gewöhnlichen Freundes einen glücklichen Freund haben wirst. Außerdem bekommst Du in meiner Braut, die Dich herzlich grüßen läßt, und die Dir nächstens selbst schreiben wird, eine aufrichtige Freundin, was für einen Junggesellen nicht ganz ohne Bedeutung ist. Ich weiß, es hält Dich vielerlei von einem Besuche bei uns zurück, wäre aber nicht gerade meine Hochzeit die richtige Gelegenheit, einmal alle Hindernisse über den Haufen zu werfen? Aber wie dies auch sein mag, handle ohne alle Rücksicht und nur nach Deiner Wohlmeinung."

Mit diesem Brief in der Hand war Georg lange, das Gesicht dem Fenster zugekehrt, an seinem Schreibtisch gesessen. Einem Bekannten, der ihn im Vorübergehen von der Gasse aus gegrüßt hatte, hatte er kaum mit einem abwesenden Lächeln geantwortet.

Endlich steckte er den Brief in die Tasche und ging aus seinem Zimmer quer durch einen kleinen Gang in das Zimmer seines Vaters, in dem er schon seit Monaten nicht gewesen war. Es bestand auch sonst keine Nötigung dazu, denn er verkehrte mit seinem Vater ständig im Geschäft, das Mittagessen nahmen sie gleichzeitig in einem Speisehaus ein, abends versorgte sich zwar jeder nach Belieben, doch saßen sie dann meistens, wenn nicht Georg, wie es am häufigsten geschah, mit Freunden beisammen war oder jetzt seine Braut besuchte, noch ein Weilchen, jeder mit seiner Zeitung, im gemeinsamen Wohnzimmer. Georg staunte darüber, wie dunkel das Zimmer des Vaters selbst an diesem sonnigen Vormittag war. Einen solchen Schatten warf also die hohe Mauer, die sich jenseits des schmalen Hofes erhob. Der Vater saß beim Fenster in einer Ecke, die mit verschiedenen Andenken an die selige Mutter ausgeschmückt war, und las die Zeitung, die er seitlich vor die Augen hielt, wodurch er irgendeine Augenschwäche auszugleichen suchte. Auf dem Tisch standen die Reste des Frühstücks, von dem nicht viel verzehrt zu sein schien.

„Ah, Georg!“ sagte der Vater und ging ihm gleich entgegen. Sein schwerer Schlafrock öffnete sich im Gehen, die Enden umflatterten ihn — ‚Mein Vater ist noch immer ein Riese‘, sagte sich Georg.

„Hier ist es ja unerträglich dunkel“, sagte er dann.

„Ja, dunkel ist es schon“, antwortete der Vater.

„Das Fenster hast du auch geschlossen?“

„Ich habe es lieber so.“

„Es ist ja ganz warm draußen“, sagte Georg, wie im Nachhang zu dem Früheren, und setzte sich.

Der Vater räumte das Frühstücksgeschirr ab und stellte es auf einen Kasten.

„Ich wollte dir eigentlich nur sagen“, fuhr Georg fort, der den Bewegungen des alten Mannes ganz verloren folgte, „daß ich nun doch nach Petersburg meine Verlobung angezeigt habe.“ Er zog den Brief ein wenig aus der Tasche und ließ ihn wieder zurückfallen.

„Nach Petersburg?“ fragte der Vater.

„Meinem Freunde doch“, sagte Georg und suchte des Vaters Augen. — Im Geschäft ist er doch ganz anders, dachte er, wie er hier breit sitzt und die Arme über der Brust kreuzt.

„Ja. Deinem Freunde“, sagte der Vater mit Betonung.

„Du weißt doch, Vater, daß ich ihm meine Verlobung zuerst verschweigen wollte. Aus Rücksichtnahme, aus keinem anderen Grunde sonst. Du weißt selbst, er ist ein schwieriger Mensch. Ich sagte mir, von anderer Seite kann er von meiner Verlobung wohl erfahren, wenn das auch bei seiner einsamen Lebensweise kaum wahrscheinlich ist — das kann ich nicht hindern —, aber von mir selbst soll er es nun einmal nicht erfahren.“

„Und jetzt hast du es dir wieder anders überlegt?“ fragte der Vater, legte die große Zeitung auf den Fensterbord und auf die Zeitung die Brille, die er mit der Hand bedeckte.

„Ja, jetzt habe ich es mir wieder überlegt. Wenn er mein guter Freund ist, sagte ich mir, dann ist meine glückliche Verlobung auch für ihn ein Glück. Und deshalb habe ich nicht mehr gezögert, es ihm anzuzeigen. Ehe ich jedoch den Brief einwarf, wollte ich es dir sagen."

„Georg", sagte der Vater und zog den zahnlosen Mund in die Breite, „hör einmal! Du bist wegen dieser Sache zu mir gekommen, um dich mit mir zu beraten. Das ehrt dich ohne Zweifel. Aber es ist nichts, es ist ärger als nichts, wenn du mir jetzt nicht die volle Wahrheit sagst. Ich will nicht Dinge aufrühren, die nicht hierher gehören. Seit dem Tode unserer teueren Mutter sind gewisse unschöne Dinge vorgegangen. Vielleicht kommt auch für sie die Zeit, und vielleicht kommt sie früher, als wir denken. Im Geschäft entgeht mir manches, es wird mir vielleicht nicht verborgen — ich will jetzt gar nicht die Annahme machen, daß es mir verborgen wird —, ich bin nicht mehr kräftig genug, mein Gedächtnis läßt nach, ich habe nicht mehr den Blick für alle die vielen Sachen. Das ist erstens der Ablauf der Natur, und zweitens hat mich der Tod unseres Mütterchens viel mehr niedergeschlagen als dich. — Aber weil wir gerade bei dieser Sache halten, bei diesem Brief, so bitte ich dich, Georg, täusche mich nicht. Es ist eine Kleinigkeit, es ist nicht des Atems wert, also täusche mich nicht. Hast du wirklich diesen Freund in Petersburg?"

Georg stand verlegen auf. „Lassen wir meine Freunde sein. Tausend Freunde ersetzen mir nicht meinen Vater. Weißt du, was ich glaube? Du schonst dich nicht genug. Aber das Alter verlangt seine Rechte. Du bist mir im Geschäft unentbehrlich, das weißt du ja sehr genau, aber wenn das Geschäft deine Gesundheit bedrohen sollte, sperre ich es noch morgen für immer. Das geht nicht. Wir müssen da eine andere Lebensweise für dich einführen. Aber von Grund aus. Du sitzt hier im Dunkeln und im Wohnzimmer hättest du schönes Licht. Du nippst vom Frühstück, statt dich ordentlich zu stärken. Du sitzt bei geschlossenem Fenster, und die Luft würde dir so gut tun. Nein, mein Vater! Ich werde den Arzt holen, und seinen Vorschriften werden wir folgen. Die Zimmer werden wir wechseln, du wirst ins Vorderzimmer ziehen, ich hierher. Es wird keine Veränderung für dich sein, alles wird mit übertragen werden. Aber das alles hat Zeit, jetzt lege dich noch ein wenig ins Bett, du brauchst unbedingt Ruhe. Komm, ich werde dir beim Ausziehn helfen, du wirst sehn, ich kann es. Oder willst du gleich ins Vorderzimmer gehn, dann legst du dich vorläufig in mein Bett. Das wäre übrigens sehr vernünftig."

Georg stand knapp neben seinem Vater, der den Kopf mit dem struppigen weißen Haar auf die Brust hatte sinken lassen.

„Georg", sagte der Vater leise, ohne Bewegung.

Georg kniete sofort neben dem Vater nieder, er sah die Pupillen in dem müden Gesicht des Vaters übergroß in den Winkeln der Augen auf sich gerichtet.

„Du hast keinen Freund in Petersburg. Du bist immer ein Spaßmacher gewesen und hast dich auch mir gegenüber nicht zurückgehalten. Wie sollst du denn gerade dort einen Freund haben! Das kann ich gar nicht glauben."

„Denk doch einmal nach, Vater", sagte Georg, hob den Vater vom Sessel und zog ihm, wie er nun doch recht schwach dastand, den Schlafrock aus, „jetzt wird es bald drei Jahre her sein, da war mein Freund bei uns zu Besuch. Ich erinnere mich noch, daß du ihn nicht besonders gern hattest. Wenigstens zweimal habe ich ihn vor dir verleugnet, trotzdem er gerade bei mir im Zimmer saß. Ich konnte ja deine Abneigung gegen ihn ganz gut verstehn, mein Freund hat seine Eigentümlichkeiten. Aber dann hast du dich doch auch wieder ganz gut mit ihm unterhalten. Ich war damals noch so stolz darauf, daß du ihm zuhörtest, nicktest und fragtest. Wenn du nachdenkst, mußt du dich erinnern. Er erzählte damals unglaubliche Geschichten von der Russischen Revolution. Wie er zum Beispiel auf einer Geschäftsreise in Kiew bei einem Tumult einen Geistlichen auf einem Balkon gesehen hatte, der sich ein breites Blutkreuz in die flache Hand schnitt, diese Hand erhob und die Menge anrief. Du hast ja selbst diese Geschichte hier und da wiedererzählt."

Währenddessen war es Georg gelungen, den Vater wieder niederzusetzen und ihm die Trikothose, die er über den Leinenunterhosen trug, sowie die Socken vorsichtig auszuziehn. Beim Anblick der nicht besonders reinen Wäsche machte er sich Vorwürfe, den Vater vernachlässigt zu haben. Es wäre sicherlich auch seine Pflicht gewesen, über den Wäschewechsel seines Vaters zu wachen. Er hatte mit seiner Braut darüber, wie sie die Zukunft des Vaters einrichten wollten, noch nicht ausdrücklich gesprochen, denn sie hatten stillschweigend vorausgesetzt, daß der Vater allein in der alten Wohnung bleiben würde. Doch jetzt entschloß er sich kurz mit aller Bestimmtheit, den Vater in seinen künftigen Haushalt mitzunehmen. Es schien ja fast, wenn man genauer zusah, daß die Pflege, die dort dem Vater bereitet werden sollte, zu spät kommen könnte.

Auf seinen Armen trug er den Vater ins Bett. Ein schreckliches Gefühl hatte er, als er während der paar Schritte zum Bett hin merkte, daß an seiner Brust der Vater mit seiner Uhrkette spielte. Er konnte ihn nicht gleich ins Bett legen, so fest hielt er sich an dieser Uhrkette.

Kaum war er aber im Bett, schien alles gut. Er deckte sich selbst zu und zog dann die Bettdecke noch besonders weit über die Schulter. Er sah nicht unfreundlich zu Georg hinauf.

„Nicht wahr, du erinnerst dich schon an ihn?“ fragte Georg und nickte ihm aufmunternd zu.

„Bin ich jetzt gut zugedeckt?“ fragte der Vater, als könne er nicht nachschauen, ob die Füße genug bedeckt seien.

„Es gefällt dir also schon im Bett“, sagte Georg und legte das Deckzeug besser um ihn.

„Bin ich gut zugedeckt?“ fragte der Vater noch einmal und schien auf die Antwort besonders aufzupassen.

„Sei nur ruhig, du bist gut zugedeckt.“

„Nein!“ rief der Vater, daß die Antwort an die Frage stieß, warf die Decke zurück mit einer Kraft, daß sie einen Augenblick im Fluge sich ganz entfaltete, und stand aufrecht im Bett. Nur eine Hand hielt er leicht an den Pfafond. „Du wolltest mich zudecken, das weiß ich, mein Früchtchen, aber zugedeckt bin ich noch nicht. Und ist es auch die letzte Kraft, genug für dich, zuviel für dich. Wohl kenne ich deinen Freund. Er wäre ein Sohn nach meinem Herzen. Darum hast du ihn auch betrogen die ganzen Jahre lang. Warum sonst? Glaubst du, ich habe nicht um ihn geweint? Darum doch sperrst du dich in dein Büro, niemand soll stören, der Chef ist beschäftigt — nur damit du deine falschen Briefchen nach Rußland schreiben kannst. Aber den Vater muß glücklicherweise niemand lehren, den Sohn zu durchschauen. Wie du jetzt geglaubt hast, du hättest ihn untergekriegt, so untergekriegt, daß du dich mit deinem Hintern auf ihn setzen kannst und er rührt sich nicht, da hat sich mein Herr Sohn zum Heiraten entschlossen!"

Georg sah zum Schreckbild seines Vaters auf. Der Petersburger Freund, den der Vater plötzlich so gut kannte, ergriff ihn wie noch nie. Verloren im weiten Rußland sah er ihn. An der Türe des leeren, ausgeraubten Geschäftes sah er ihn. Zwischen den Trümmern der Regale, den zerfetzten Waren, den fallenden Gasarmen stand er gerade noch. Warum hatte er so weit wegfahren müssen!

„Aber schau mich an!" rief der Vater, und Georg lief, fast zerstreut, zum Bett, um alles zu fassen, stockte aber in der Mitte des Weges.

„Weil sie die Röcke gehoben hat", fing der Vater zu flöten an, „weil sie die Röcke so gehoben hat, die widerliche Gans", und er hob, um das darzustellen, sein Hemd so hoch, daß man auf seinem Oberschenkel die Narbe aus seinen Kriegsjahren sah, „weil sie die Röcke so und so und so gehoben hat, hast du dich an sie herangemacht, und damit du an ihr ohne Störung dich befriedigen kannst, hast du unserer Mutter Andenken geschändet, den Freund verraten und deinen Vater ins Bett gesteckt, damit er sich nicht rühren kann. Aber kann er sich rühren oder nicht?" Und er stand vollkommen frei und warf die Beine. Er strahlte vor Einsicht.

Georg stand in einem Winkel, möglichst weit vom Vater. Vor einer langen Weile hatte er sich fest entschlossen, alles vollkommen genau zu beobachten, damit er nicht irgendwie auf Umwegen, von hinten her, von oben herab überrascht werden könne. Jetzt erinnerte er sich wieder an den längst vergessenen Entschluß und vergaß ihn, wie man einen kurzen Faden durch ein Nadelöhr zieht.

„Aber der Freund ist nun doch nicht verraten!" rief der Vater, und sein hin und her bewegter Zeigefinger bekräftigte es. „Ich war sein Vertreter hier am Ort."

„Komödiant!" konnte sich Georg zu rufen nicht enthalten, erkannte sofort den Schaden und biß, nur zu spät — die Augen erstarrt —, in seine Zunge, daß er vor Schmerz einknickte.

„Ja, freilich habe ich Komödie gespielt! Komödie! Gutes Wort! Welcher andere Trost blieb dem alten verwitweten Vater? Sag — und für den Augenblick der Antwort sei du noch mein lebender Sohn —, was blieb mir übrig, in meinem Hinterzimmer, verfolgt vom ungetreuen Personal, alt bis in die Knochen? Und mein Sohn ging im Jubel durch die Welt, schloß Geschäfte ab, die ich vorbereitet hatte, überpurzelte sich vor Vergnügen und ging vor seinem Vater mit dem verschlossenen Gesicht eines Ehrenmannes davon! Glaubst du, ich hätte dich nicht geliebt, ich, von dem du ausgingst?"

Jetzt wird er sich vorbeugen, dachte Georg, wenn er fiele und zerschmetterte! Dieses Wort durchzischte seinen Kopf.

Der Vater beugte sich vor, fiel aber nicht. Da Georg sich nicht näherte, wie er erwartet hatte, erhob er sich wieder.

„Bleib, wo du bist, ich brauche dich nicht! Du denkst, du hast noch die Kraft, hierherzukommen, und hältst dich bloß zurück, weil du so willst. Daß du dich nicht irrst! Ich bin noch immer der viel Stärkere. Allein hätte ich vielleicht zurückweichen müssen, aber so hat mir die Mutter ihre Kraft abgegeben, mit deinem Freund habe ich mich herrlich verbunden, deine Kundschaft habe ich hier in der Tasche!“

‚Sogar im Hemd hat er Taschen!‘ sagte sich Georg und glaubte, er könne ihn mit dieser Bemerkung in der ganzen Welt unmöglich machen. Nur einen Augenblick dachte er das, denn immerfort vergaß er alles.

„Häng dich nur in deine Braut ein und komm mir entgegen! Ich fege sie dir von der Seite weg, du weißt nicht, wie!“

Georg machte Grimassen, als glaube er das nicht. Der Vater nickte bloß, die Wahrheit dessen, was er sagte, beteuernd, in Georgs Ecke hin.

„Wie hast du mich doch heute unterhalten, als du kamst und fragtest, ob du deinen Freund von der Verlobung schreiben sollst. Er weiß doch alles, dummer Junge, er weiß doch alles! Ich schrieb ihm doch, weil du vergessen hast, mir das Schreibzeug wegzunehmen. Darum kommt er schon seit Jahren nicht, er weiß ja alles hundertmal besser als du selbst, deine Briefe zerknüllt er ungelesen in der linken Hand, während er in der rechten meine Briefe zum Lesen sich vorhält!“

Seinen Arm schwang er vor Begeisterung über dem Kopf. „Er weiß alles tausendmal besser!“ rief er.

„Zehntausendmal!“ sagte Georg, um den Vater zu verlachen, aber noch in seinem Munde bekam das Wort einen todernsten Klang.

„Seit Jahren passe ich schon auf, daß du mit dieser Frage kämest! Glaubst du, mich kümmert etwas anderes? Glaubst du, ich lese Zeitungen? Da!“ und er warf Georg ein Zeitungsblatt, das irgendwie mit ins Bett getragen worden war, zu. Eine alte Zeitung, mit einem Georg schon ganz unbekannten Namen.

„Wie lange hast du gezögert, ehe du reif geworden bist! Die Mutter mußte sterben, sie konnte den Freudentag nicht erleben, der Freund geht zugrunde in seinem Rußland, schon vor drei Jahren war er gelb zum Wegwerfen, und ich, du siehst ja, wie es mit mir steht. Dafür hast du doch Augen!“

„Du hast mir also aufgelauert!“ rief Georg.

Mitleidig sagte der Vater nebenbei: „Das wolltest du wahrscheinlich früher sagen. Jetzt paßt es ja gar nicht mehr."

Und lauter: „Jetzt weißt du also, was es noch außer dir gab, bisher wußtest du nur von dir! Ein unschuldiges Kind warst du ja eigentlich, aber noch eigentlicher warst du ein teuflischer Mensch! — Und darum wisse: Ich verurteile dich jetzt zum Tode des Ertrinkens!"

Georg fühlte sich aus dem Zimmer gejagt, den Schlag, mit dem der Vater hinter ihm aufs Bett stürzte, trug er noch in den Ohren davon. Auf der Treppe, über deren Stufen er wie über eine schiefe Fläche eilte, überrumpelte er seine Bedienerin, die im Begriffe war, hinaufzugehen, um die Wohnung nach der Nacht aufzuräumen. „Jesus!" rief sie und verdeckte mit der Schürze das Gesicht, aber er war schon davon. Aus dem Tor sprang er, über die Fahrbahn zum Wasser trieb es ihn. Schon hielt er das Geländer fest, wie ein Hungriger die Nahrung. Er schwang sich über, als der ausgezeichnete Turner, der er in seinen Jugendjahren zum Stolz seiner Eltern gewesen war. Noch hielt er sich mit schwächer werdenden Händen fest, erspähte zwischen den Geländerstangen einen Autoomnibus, der mit Leichtigkeit seinen Fall übertönen würde, rief leise: „Liebe Eltern, ich habe euch doch immer geliebt", und ließ sich hinabfallen.

In diesem Augenblick ging über die Brücke ein geradezu unendlicher Verkehr.

Aus: Franz Kafka, „Die Erzählungen".
S.-Fischer-Verlag, Frankfurt/M.

DIE ABWEISUNG

Von Franz Kafka

Unser Städtchen liegt nicht etwa an der Grenze, bei weitem nicht, zur Grenze ist es noch so weit, daß vielleicht noch niemand aus dem Städtchen dort gewesen ist, wüste Hochländer sind zu durchqueren, aber auch weite fruchtbare Länder. Man wird müde, wenn man sich nur einen Teil des Weges vorstellt, und mehr als einen Teil kann man sich gar nicht vorstellen. Auch große Städte liegen auf dem Weg, viel größer als unser Städtchen. Zehn solche Städtchen, nebeneinander gelegt, und von oben noch zehn solche Städtchen hineingezwängt, ergeben noch keine dieser riesigen und engen Städte. Verirrt man sich nicht auf dem Weg dorthin, so verirrt man sich in den Städten gewiß, und ihnen auszuweichen ist wegen ihrer Größe unmöglich.

Aber doch noch weiter als bis zur Grenze ist, wenn man solche Entfernungen überhaupt vergleichen kann — es ist so, als wenn man sagte, ein dreihundertjähriger Mann ist älter als ein zweihundertjähriger —, also noch viel weiter als bis zur Grenze ist es von unserem Städtchen zur Hauptstadt. Während wir von den Grenzkriegen hie und da doch Nachrichten bekommen, erfahren wir aus der Hauptstadt fast nichts, wir bürgerlichen Leute meine ich, denn die Regierungsbeamten haben allerdings eine sehr gute Verbindung mit der Hauptstadt, in zwei, drei Monaten können sie schon eine Nachricht von dort haben, wenigstens behaupten sie es.

Und nun ist es merkwürdig, und darüber wundere ich mich immer wieder von neuem, wie wir uns in unserem Städtchen allem ruhig fügen, was von der Hauptstadt aus angeordnet wird. Seit Jahrhunderten hat bei uns keine von den Bürgern selbst ausgehende politische Veränderung stattgefunden. In der Hauptstadt haben die hohen Herrscher einander abgelöst, ja sogar Dynastien sind ausgelöscht oder abgesetzt worden und neue haben begonnen, im vorigen Jahrhundert ist sogar die Hauptstadt selbst zerstört, eine neue weit von ihr gegründet, später auch diese zerstört und die alte wieder aufgebaut worden, auf unser Städtchen hat das eigentlich keinen Einfluß gehabt. Unsere Beamtenschaft war immer auf ihrem Posten, die höchsten Beamten kamen aus der Hauptstadt, die mittleren Beamten zumindest von auswärts, die niedrigsten aus unserer Mitte, und so blieb es und so hat es uns genügt. Der höchste Beamte ist der Obersteuereinnehmer, er hat den Rang eines Obersten und wird auch so genannt. Heute ist er ein alter Mann, ich kenne ihn aber schon seit Jahren, denn schon in meiner Kindheit war er Oberst, er hat zuerst eine sehr schnelle Karriere gemacht, dann scheint sie aber gestockt zu haben, nun für unser Städtchen reicht sein Rang aus, einen höheren Rang wären wir bei uns gar nicht aufzunehmen fähig. Wann ich mir ihn vorzustellen suche, sehe ich ihn auf der Veranda seines Hauses auf dem Marktplatz sitzen, zurückgelehnt, die Pfeife im Mund. Über ihm weht vom Dach die Reichsfahne, an den Seiten der Veranda, die so groß ist, daß dort manchmal auch kleine militärische Übungen stattfinden, ist die Wäsche zum Trocknen aufgehängt. Seine Enkel, in schönen seidenen Kleidern, spielen um ihn herum, auf den Marktplatz hinunter dürfen sie nicht gehn, die andern Kinder sind ihrer unwürdig, aber doch lockt sie der Platz und sie stecken wenigstens die Köpfe zwischen den Geländerstangen durch, und wenn die andern Kinder unten streiten, streiten sie von oben mit.

Dieser Oberst also beherrscht die Stadt. Ich glaube, er hat noch niemandem ein Dokument vorgezeigt, das ihn dazu berechtigt. Er hat wohl auch kein solches Dokument. Vielleicht ist er wirklich Obersteuereinnehmer. Aber ist das alles? Berechtigt ihn das, auch in allen Gebieten der Verwaltung zu herrschen? Sein Amt ist ja für den Staat sehr gewichtig, aber für die Bürger ist es doch nicht das Wichtigste. Bei uns hat man fast den Eindruck, als ob die Leute sagten: „Nun hast du uns alles genommen, was wir hatten, nimm bitte auch uns selbst noch dazu.“ Denn tatsächlich hat er nicht etwa die Herrschaft an sich gerissen und ist auch kein Tyrann. Es hat sich seit alten Zeiten so entwickelt, daß der Obersteuereinnehmer der erste Beamte ist, und der Oberst fügt sich dieser Tradition nicht anders als wir.

Aber wiewohl er ohne allzuviel Unterscheidungen der Würde unter uns lebt, ist er doch etwas ganz anderes als die gewöhnlichen Bürger. Wenn eine Abordnung mit einer Bitte vor ihn kommt, steht er da wie die Mauer der Welt. Hinter ihm ist nichts mehr, man hört förmlich dort weiterhin noch ahnungsweise ein paar Stimmen flüstern, aber das ist wahrscheinlich Täuschung, er bedeutet doch den Abschluß des Ganzen, wenigstens für uns. Man muß ihn bei solchen Empfängen gesehen haben. Als Kind war ich einmal dabei, als eine Abordnung der Bürgerschaft ihn um eine Regierungsunterstützung bat, denn das ärmste Stadtviertel war gänzlich niedergebrannt. Mein Vater, der Hufschmied, ist in der Gemeinde angesehen, war Mitglied der Abordnung und hatte mich mitgenommen. Das ist nichts Außergewöhnliches, zu einem solchen Schauspiel drängt sich alles, man erkennt die eigentliche Abordnung kaum aus der Menge heraus; da solche Empfänge meist auf der Veranda stattfinden, gibt es auch Leute, die vom Marktplatz her auf Leitern hinaufklettern und über das Geländer hinweg an den Dingen oben teilnehmen. Damals war es so eingerichtet, daß etwa ein Viertel der Veranda ihm vorbehalten war, den übrigen Teil füllte die Menge. Einige Soldaten überwachten alles, auch umstanden sie in einem Halbkreis ihn selbst. Im Grunde hätte ein Soldat für alles genügt, so groß ist bei uns die Furcht vor ihnen. Ich weiß nicht genau, woher diese Soldaten kommen, jedenfalls von weit her, alle sind sie einander sehr ähnlich, sie würden nicht einmal eine Uniform brauchen. Es sind kleine, nicht starke, aber behende Leute, am auffallendsten ist an ihnen das starke Gebiß, das förmlich allzusehr ihren

Mund füllt, und ein gewisses unruhig zuckendes Blitzen ihrer kleinen schmalen Augen. Durch dieses sind sie der Schrecken der Kinder, allerdings auch ihre Lust, denn immerfort möchten die Kinder vor diesem Gebiß und diesen Augen erschrecken wollen, um dann verzweifelt wegzulaufen. Dieser Schrecken aus der Kinderzeit verliert sich wahrscheinlich auch bei den Erwachsenen nicht, zumindest wirkt er nach. Es kommt dann freilich auch noch anderes hinzu. Die Soldaten sprechen einen uns ganz unverständlichen Dialekt, können sich an unsern kaum gewöhnen, dadurch ergibt sich bei ihnen eine gewisse Abgeschlossenheit, Unnahbarkeit, die überdies auch ihrem Charakter entspricht, so still, ernst und starr sind sie, sie tun nichts eigentlich Böses und sind doch in einem bösen Sinn fast unerträglich. Es kommt zum Beispiel ein Soldat in ein Geschäft, kauft eine Kleinigkeit, und bleibt dort nun an den Pult gelehnt stehn, hört den Gesprächen zu, versteht sie wahrscheinlich nicht, aber es hat doch den Anschein, als ob er sie verstünde, sagt selbst kein Wort, blickt nur starr auf den, welcher spricht, dann wieder auf die, welche zuhören, und hält die Hand auf dem Griff des langen Messers in seinem Gürtel. Das ist abscheulich, man verliert die Lust an der Unterhaltung, der Laden leert sich, und erst wenn er ganz leer ist, geht auch der Soldat. Wo also die Soldaten auftreten, wird auch unser lebhaftes Volk still. So war es auch damals. Wie bei allen feierlichen Gelegenheiten stand der Oberst aufrecht und hielt mit den nach vorn ausgestreckten Händen zwei lange Bambusstangen. Es ist eine alte Sitte, die etwa bedeutet: so stützt er das Gesetz und so stützt es ihn. Nun weiß ja jeder, was ihn oben auf der Veranda erwartet, und doch pflegt man immer wieder von neuem zu erschrecken, auch damals wollte der zum Reden Bestimmte nicht anfangen, er stand schon dem Obersten gegenüber, aber dann verließ ihn der Mut und er drängte sich wieder unter verschiedenen Ausreden in die Menge zurück. Auch sonst fand sich kein Geeigneter, der bereit gewesen wäre zu sprechen — von den Ungeeigneten boten sich allerdings einige an —, es war eine große Verwirrung und man sandte Boten an verschiedene Bürger, bekannte Redner, aus. Während dieser ganzen Zeit stand der Oberst unbeweglich da, nur im Atmen senkte sich auffallend die Brust. Nicht daß er etwa schwer geatmet hätte, er atmete nur äußerst deutlich, so wie zum Beispiel Frösche atmen, nur daß es bei ihnen immer so ist, hier aber war es außerordentlich. Ich schlich mich zwischen den Erwachsenen durch und beobachtete ihn durch die Lücke zwischen zwei Soldaten so lange, bis mich einer mit dem Knie wegstieß. Inzwischen hatte sich der ursprünglich zum Redner Bestimmte gesammelt und, von zwei Mitbürgern fest gestützt, hielt er die Ansprache. Rührend war, wie er bei dieser ernsten, das große Unglück schildernden Rede immer lächelte, ein allerdemütigstes Lächeln, das sich vergeblich anstrengte auch nur einen leichten Widerschein auf dem Gesicht des Obersten hervorzurufen. Schließlich formulierte er die Bitte, ich glaube, er bat nur um Steuerbefreiung für ein Jahr, vielleicht aber auch noch um billigeres Bauholz aus den kaiserlichen Wäldern. Dann verbeugte er sich tief und blieb in der Verbeugung ebenso wie alle andern außer dem Obersten, den Soldaten und einigen Beamten im Hintergrund. Lächerlich war es für das Kind, wie die auf den Leitern am Verandarand ein paar Sprossen hinunterstiegen, um während dieser entscheidenden Pause nicht gesehen zu werden, und nur neugierig knapp über dem Boden der Veranda von Zeit zu Zeit spionierten. Das dauerte eine Weile, dann trat ein Beamter, ein kleiner Mann, vor den Obersten, suchte sich auf den Fußspitzen zu ihm emporzuheben, erhielt von ihm, der noch immer bis auf das tiefe Atmen unbeweglich blieb, etwas ins Ohr geflüstert, klatschte in die Hände, worauf sich alle erhoben, und verkündete: „Die Bitte ist abgewiesen. Entfernt euch.“ Ein unleugbares Gefühl der Erleichterung ging durch die Menge, alles drängte sich hinaus, auf den Obersten, der förmlich wieder ein Mensch wie wir alle geworden war, achtete kaum jemand besonders, ich sah nur, wie er tatsächlich erschöpft die Stangen losließ, die hinfielen, in einen von Beamten herbeigeschleppten Lehnstuhl sank und eilig die Tabakpfeife in den Mund schob.

Dieser ganze Vorfall ist nicht vereinzelt, so geht es allgemein zu. Es kommt zwar vor, daß hie und da kleine Bitten erfüllt werden, aber dann ist es so, als hätte das der Oberst auf eigene Verantwortung als mächtige Privatperson getan, es muß — gewiß nicht ausdrücklich, aber der Stimmung nach — förmlich vor der Regierung geheimgehalten werden. Nun sind ja in unserem Städtchen die Augen des Obersten, soweit wir es beurteilen können, auch die Augen der Regierung, aber doch wird hier ein Unterschied gemacht, in den vollständig nicht einzudringen ist.

In wichtigen Angelegenheiten aber kann die Bürgerschaft einer Abweisung immer sicher sein. Und nun ist es eben so merkwürdig, daß man ohne diese Abweisung gewissermaßen nicht auskommen kann, und dabei ist dieses Hingehn und Abholen der Abweisung durchaus keine Formalität. Immer wieder frisch und ernst geht man hin und geht dann wieder von dort, allerdings nicht geradezu gekräftigt und beglückt, aber doch auch gar nicht enttäuscht und müde. Ich muß mich bei niemandem nach diesen Dingen erkundigen, ich fühle es in mir selbst wie alle. Und nicht einmal eine gewisse Neugierde, den Zusammenhängen dieser Dinge nachzuforschen.

Es gibt allerdings, so weit meine Beobachtungen reichen, eine gewisse Altersklasse, die nicht zufrieden ist, es sind etwa die jungen Leute zwischen siebzehn und zwanzig. Also ganz junge Burschen, die die Tragweite des unbedeutendsten, wie erst gar eines revolutionären Gedankens nicht von der Ferne ahnen können. Und gerade unter sie schleicht sich die Unzufriedenheit ein.

Aus: Franz Kafka, „Die Erzählungen".
S.-Fischer-Verlag, Frankfurt/M.

DIE AMSEL

Von Robert Musil

Die beiden Männer, deren ich erwähnen muß — um drei kleine Geschichten zu erzählen, bei denen es darauf ankommt, wer sie berichtet —, waren Jugendfreunde; nennen wir sie Aeins und Azwei. Denn im Grunde ist Jugendfreundschaft um so sonderbarer, je älter man wird. Man ändert sich im Laufe solcher Jahre vom Scheitel bis zur Sohle und von den Härchen der Haut bis ins Herz, aber das Verhältnis zueinander bleibt merkwürdigerweise das gleiche und ändert sich sowenig wie die Beziehungen, die jeder einzelne Mensch zu den verschiedenen Herren pflegt, die er der Reihe nach mit Ich anspricht. Es kommt ja nicht darauf an, ob man so empfindet wie der kleine Knabe mit dickem Kopf und blondem Haar, der einst photographiert worden ist; nein, man kann im Grunde nicht einmal sagen, daß man dieses kleine, alberne, ichige Scheusal gern hat. Und so ist man auch mit seinen besten Freunden weder einverstanden noch zufrieden; ja, viele Freunde mögen sich nicht einmal leiden. In gewissem Sinn sind das sogar die tiefsten und besten Freundschaften und enthalten das unbegreifliche Element ohne alle Beimengungen.

Die Jugend, welche die beiden Freunde Aeins und Azwei verband, war nichts weniger als eine religiöse gewesen. Sie waren zwar beide in einem Institut erzogen worden, wo man sich schmeichelte, den religiösen Grundsätzen gebührenden Nachdruck zu geben; aber seine Zöglinge setzten ihren ganzen Ehrgeiz darein, nichts davon zu halten. Die Kirche dieses Instituts zum Beispiel war eine schöne, richtige, große Kirche, mit einem steinernen Turm, und nur für den Gebrauch der Schule bestimmt. So konnten, da niemals ein Fremder eintrat, immer einzelne Gruppen der Schüler, indes der Rest, je nachdem es die heilige Sitte forderte, vorn in den Bänken bald kniete, bald aufstand, hinten bei den Beichtstühlen Karten spielen, auf der Orgeltreppe Zigaretten rauchen oder sich auf den Turm verziehen, der unter dem spitzen Dach wie einen Kerzenteller einen steinernen Balkon trug, auf dessen Geländer in schwindelnder Höhe Kunststücke ausgeführt wurden, die selbst weniger sündenbeladene Knaben den Hals kosten konnten.

Eine dieser Herausforderungen Gottes bestand darin, sich auf dem Turmgeländer, mit dem Blick nach unten, durch langsamen Druck der Muskeln in die Höhe zu heben und schwankend auf den Händen stehenzubleiben; jeder, der dieses Akrobatenkunststück zu ebener Erde ausgeführt hat, wird wissen, wieviel Selbstvertrauen, Kühnheit und Glück dazu gehören, es auf einem fußbreiten Steinstreifen in Turmhöhe zu wiederholen. Es muß auch gesagt werden, daß viele wilde und geschickte Burschen sich dessen nicht unterfingen, obgleich sie zu ebener Erde auf ihren Händen geradezu lustwandeln konnten. Zum Beispiel Aeins tat es nicht. Dagegen war Azwei, und das mag gut zu seiner Einführung als Erzähler dienen, in seiner Knabenzeit der Erfinder dieser Gesinnungsprobe gewesen. Es war schwer, einen Körper zu finden wie den seinen. Er trug nicht die Muskeln des Sports wie die Körper vieler, sondern schien einfach und mühelos von Natur aus Muskeln geflochten zu sein. Ein schmaler, ziemlich kleiner Kopf saß darauf, mit Augen, die in Samt gewickelte Blitze waren, und mit Zähnen, die es eher zuließen, an die Blankheit eines jagenden Tiers zu denken, als die Sanftmut der Mystik zu erwarten.

Später, in ihrer Studienzeit, schwärmten die beiden Freunde für eine materialistische Lebenserklärung, die ohne Seele und Gott den Menschen als physiologische oder wirtschaftliche Maschine ansieht, was er ja vielleicht auch wirklich ist, worauf es ihnen aber gar nicht ankam, weil der Reiz solcher Philosophie nicht in ihrer Wahrheit liegt, sondern in ihrem dämonischen, pessimistischen, schaurig-intellektuellen Charakter. Damals war ihr Verhältnis untereinander bereits eine Jugendfreundschaft. Denn Azwei studierte Waldwirtschaft und sprach davon, als Forstingenieur weit fortzugehen, nach Rußland oder Asien, sobald seine Studien vollendet wären; während sein Freund, statt solcher jungenhaften, schon eine solidere Schwärmerei gewählt hatte und sich zu dieser Zeit in der aufstrebenden Arbeiterbewegung umtat. Als sie dann kurz vor dem großen Krieg wieder zusammentrafen, hatte Azwei seine russischen Unternehmungen bereits hinter sich; er erzählte wenig von ihnen, war in den Bureaus irgendeiner großen Gesellschaft angestellt und schien beträchtliche Fehlschläge erlitten zu haben, wenn es ihm auch bürgerlich auskömmlich ging. Sein Jugendfreund aber war inzwischen aus einem Klassenkämpfer der Herausgeber einer Zeitung geworden, die viel vom sozialen Frieden schrieb und einem Börsenmann gehörte. Sie verachteten sich seither gegenseitig und untrennbar, verloren einander aber wieder aus den Augen; und als sie endlich für kurze Zeit abermals zusammengeführt wurden, erzählte Azwei das nun Folgende in der Art, wie man vor einem Freund einen Sack mit Erinnerungen ausschüttet, um mit der leeren Leinwand weiterzugehen. Es kam unter diesen Umständen wenig darauf an, was dieser erwiderte, und es kann ihre Unterredung fast wie ein Selbstgespräch erzählt werden. Wichtiger wäre es, wenn man genau zu beschreiben vermöchte, wie Azwei damals aussah, weil dieser unmittelbare Eindruck für die Bedeutung seiner Worte nicht ganz zu entbehren ist. Aber das ist schwer. Am ehesten könnte man sagen, er erinnerte an eine scharfe, nervige, schlanke Reitgerte, die, auf ihre weiche Spitze gestellt, an einer Wand lehnt; in so einer halb aufgerichteten und halb zusammengesunkenen Lage schien er sich wohlzufühlen.

Zu den sonderbarsten Orten der Welt — sagte Azwei — gehören jene Berliner Höfe, wo zwei, drei oder vier Häuser einander den Hintern zeigen, Köchinnen sitzen mitten in den Wänden, in viereckigen Löchern, und singen. Man sieht es dem roten Kupfergeschirr auf den

Borden an, wie laut es klappert. Tief unten grölt eine Männerstimme Scheltworte zu einem der Mädchen empor, oder es gehen schwere Holzschuhe auf dem klinkernden Pflaster hin und her. Langsam. Hart. Ruhelos. Sinnlos. Immer. Ist es so oder nicht?

Da hinaus und hinab sehen nun die Küchen und die Schlafzimmer; nahe beieinander liegen sie, wie Liebe und Verdauung am menschlichen Körper. Etagenweise sind die Ehebetten übereinander geschichtet; denn alle Schlafzimmer haben im Haus die gleiche Lage, und Fensterwand, Badezimmerwand, Schrankwand bestimmen den Platz des Bettes fast auf den halben Meter genau. Ebenso etagenweise türmen sich die Speisezimmer übereinander, das Bad mit den weißen Kacheln und der Balkon mit dem roten Lampenschirm. Liebe, Schlaf, Geburt, Verdauung, unerwartete Wiedersehen, sorgenvolle und gesellige Nächte liegen in diesen Häusern übereinander wie die Säulen der Brötchen in einem Automatenbüfett. Das persönliche Schicksal ist in solchen Mittelstandswohnungen schon vorgerichtet, wenn man einzieht. Du wirst zugeben, daß die menschliche Freiheit hauptsächlich darin liegt, wo und wann man etwas tut, denn was die Menschen tun, ist fast immer das gleiche: da hat es eine verdammte Bedeutung, wenn man auch noch den Grundriß von allem gleich macht. Ich bin einmal auf einen Schrank geklettert, nur um die Vertikale auszunutzen, und kann sagen. daß das unangenehme Gespräch, das ich zu führen hatte, von da ganz anders aussah.

Azwei lachte über seine Erinnerung und schenkte sich ein; Aeins dachte daran, daß sie auf einem Balkon mit einem roten Lampenschirm säßen, der zu seiner Wohnung gehörte, aber er schwieg, denn er wußte zu genau, was er hätte einwenden können.

Ich gebe übrigens noch heute zu, daß etwas Gewaltiges in dieser Regelmäßigkeit liegt — räumte Azwei von selbst ein —, und damals glaubte ich, in diesem Geist der Massenhaftigkeit und Öde etwas wie eine Wüste oder ein Meer zu sehen; ein Schlachthaus in Chikago, obgleich mir die Vorstellung den Magen umdreht, ist doch eine ganz andere Sache als ein Blumentöpfchen! Das Merkwürdige war aber, daß ich gerade in der Zeit, wo ich diese Wohnung besaß, ungewöhnlich oft an meine Eltern dachte. Du erinnerst dich, daß ich so gut wie jede Beziehung zu ihnen verloren hatte; aber da gab es nun mit einem Male in meinem Kopf den Satz: Sie haben dir das Leben geschenkt; und dieser komische Satz kehrte von Zeit zu Zeit wieder wie eine Fliege, die sich nicht verscheuchen läßt. Es ist über diese scheinheilige Redensart, die man uns in der Kindheit einprägt, weiter nichts zu bemerken. Aber wenn ich meine Wohnung betrachtete, sagte ich nun ebenso: Siehst du, jetzt hast du dein Leben gekauft; für soundsoviel Mark jährlicher Miete. Vielleicht sagte ich auch manchmal: Nun hast du ein Leben aus eigener Kraft geschaffen. Es lag so in der Mitte zwischen Warenhaus, Versicherung auf Ableben und Stolz. Und da erschien es mir doch überaus merkwürdig, ja geradezu als ein Geheimnis, daß es etwas gab, das mir geschenkt worden war, ob ich wollte oder nicht, und noch dazu das Grundlegende von allem übrigen. Ich glaube, dieser Satz barg einen Schatz von Unregelmäßigkeit und Unberechenbarkeit, den ich vergraben hatte. Und dann kam eben die Geschichte mit der Nachtigall.

Sie begann mit einem Abend wie viele andere. Ich war zu Hause geblieben und hatte mich, nachdem meine Frau zu Bett gegangen war, ins Herrenzimmer gesetzt; der einzige Unterschied von ähnlichen Abenden bestand vielleicht darin, daß ich kein Buch und nichts anrührte; aber auch das war schon vorgekommen. Nach ein Uhr fängt die Straße an ruhiger zu werden; Gespräche beginnen als Seltenheit zu wirken; es ist hübsch, mit dem Ohr dem Vorschreiten der Nacht zu folgen. Um zwei Uhr ist Lärmen und Lachen unten schon deutlich Trunkenheit und Späte. Mir wurde bewußt, daß ich auf etwas wartete, aber ich ahnte nicht, worauf. Gegen drei Uhr, es war im Mai, fing der Himmel an, lichter zu werden; ich tastete mich durch die dunkle Wohnung bis ans Schlafzimmer und legte mich geräuschlos nieder. Ich erwartete nun nichts mehr als den Schlaf und am nächsten Morgen einen Tag wie den abgelaufenen. Ich wußte bald nicht mehr, ob ich wachte oder schlief. Zwischen den Vorhängen und den Spalten der Rolläden quoll dunkles Grün auf, dünne Bänder weißen Morgenschaums schlangen sich hindurch. Es kann mein letzter wacher Eindruck gewesen sein oder ein ruhendes Traumgesicht. Da wurde ich durch etwas Näherkommendes erweckt; Töne kamen näher. Ein-, zweimal stellte ich das schlaftrunken fest. Dann saßen sie auf dem First des Nachbarhauses und sprangen dort in die Luft wie Delphine. Ich hätte auch sagen können, wie Leuchtkugeln beim Feuerwerk; denn der Eindruck von Leuchtkugeln blieb; im Herabfallen zerplatzten sie sanft an den Fensterscheiben und sanken wie große Silbersterne in die Tiefe. Ich empfand jetzt einen zauberhaften Zustand; ich lag in meinem Bett wie eine Figur auf ihrer Grabplatte und wachte, aber ich wachte anders als bei Tage. Es ist sehr schwer zu beschreiben, aber wenn ich daran denke, ist mir, als ob mich etwas umgestülpt hätte; ich war keine Plastik mehr, sondern etwas Eingesenktes. Und das Zimmer war nicht hohl, sondern bestand aus einem Stoff, den es unter den Stoffen des Tages nicht gibt, einem schwarz durchsichtigen und schwarz zu durchfühlenden Stoff, aus dem auch ich bestand. Die Zeit rann in fieberkleinen schnellen Pulsschlägen. Weshalb sollte nicht jetzt geschehen, was sonst nie geschieht? — Es ist eine Nachtigall, was da singt! — sagte ich mir halblaut vor.

Nun gibt es ja in Berlin vielleicht mehr Nachtigallen, — fuhr Azwei fort — als ich dachte. Ich glaubte damals, es gäbe in diesem steinernen Gebirge keine, und diese sei weither zu mir geflogen. Zu mir!! — fühlte ich und richtete mich lächelnd auf. — Ein Himmelsvogel! Das gibt es also wirklich! — In einem solchen Augenblick, siehst du, ist man auf die natürlichste Weise bereit, an das Übernatürliche zu glauben; es ist, als ob man seine Kindheit in einer Zauberwelt verbracht hätte. Ich dachte unverzüglich: Ich werde der Nachtigall folgen. Leb wohl, Geliebte! — dachte ich — Lebt wohl, Geliebte, Haus, Stadt ...! Aber ehe ich noch von meinem

Lager gestiegen war, und ehe ich mir klargemacht hatte, ob ich denn zu der Nachtigall auf die Dächer steigen oder ob ich ihr unten in den Straßen folgen wolle, war der Vogel verstummt und offenbar weitergeflogen.

Nun sang er auf einem andern Dach für einen andern Schlafenden. — Azwei dachte nach. — Du wirst annehmen, daß die Geschichte damit zu Ende ist? — Erst jetzt fing sie an, und ich weiß nicht, welches Ende sie finden soll!

Ich war verwaist und von schwerem Mißmut bedrückt zurückgeblieben. Es war gar keine Nachtigall, es war eine Amsel, sagte ich mir, genau so, wie du es sagen möchtest. Solche Amseln machen, das weiß man, andere Vögel nach. Ich war nun völlig wach, und die Stille langweilte mich. Ich zündete eine Kerze an und betrachtete die Frau, die neben mir lag. Ihr Körper sah blaß ziegelfarben aus. Über der Haut lag der weiße Rand der Bettdecke wie ein Schneestreifen. Breite Schattenlinien krümmten sich um den Körper, deren Herkunft nicht recht zu begreifen war, obgleich sie natürlich mit der Kerze und der Haltung meines Arms zusammenhängen mußten. — Was tut es, — dachte ich dabei — wenn es wirklich nur eine Amsel war! Oh, im Gegenteil; gerade daß es bloß eine ganz gewöhnliche Amsel gewesen ist, was mich so verrückt machen konnte: das bedeutet noch viel mehr! Du weißt doch, man weint nur bei einer einfachen Enttäuschung, bei einer doppelten bringt man schon wieder ein Lächeln zuwege. Und ich sah dazwischen immer wieder meine Frau an. Das alles hing ganz von selbst zusammen, aber ich weiß nicht wie. Seit Jahren habe ich dich geliebt — dachte ich — wie nichts auf dieser Welt, und nun liegst du da wie eine ausgebrannte Hülse der Liebe. Nun bist du mir ganz fremd geworden, nun bin ich herausgekommen am anderen Ende der Liebe. War das Überdruß? Ich erinnere mich nicht, je Überdruß empfunden zu haben. Und ich schildere es dir so, als ob ein Gefühl ein Herz durchbohren könnte wie einen Berg, auf dessen anderer Seite eine andere Welt mit dem gleichen Tal, den gleichen Häusern und kleinen Brücken liegt. Aber ich wußte ganz einfach nicht, was es war. Ich weiß das auch heute nicht. Vielleicht habe ich unrecht, dir diese Geschichte im Zusammenhang mit zwei anderen zu erzählen, die darauf gefolgt sind. Ich kann dir nur sagen, wofür ich es hielt, als ich es erlebte: Es hatte mich von irgendwo ein Signal getroffen — das war mein Eindruck davon.

Ich legte meinen Kopf neben ihren Körper, die ahnungslos und ohne Teilnahme schlief. Da schien sich ihre Brust in Übermaßen zu heben und zu senken, und die Wände des Zimmers tauchten an diesem schlafenden Leib auf und ab wie hohe See um ein Schiff, das schon weit im Fahren ist. Ich hätte es wahrscheinlich nie über mich gebracht, Abschied zu nehmen; aber wenn ich mich jetzt fortstehle, kam mir vor, bleibe ich das kleine verlassene Boot in der Einsamkeit, und ein großes, sicheres Schiff ist achtlos über mich hinausgefahren. Ich küßte die Schlafende, sie fühlte es nicht. Ich flüsterte ihr etwas ins Ohr, und vielleicht tat ich es so vorsichtig, daß sie es nicht hörte. Da machte ich mich über mich lustig und spottete über die Nachtigall; aber ich zog mich heimlich an. Ich glaube, daß ich geschluchzt habe, aber ich ging wirklich fort. Mir war taumelnd leicht, obgleich ich mir zu sagen versuchte, daß kein anständiger Mensch so handeln dürfe; ich erinnere mich, ich war wie ein Betrunkener, der mit der Straße schilt, auf der er geht, um sich seiner Nüchternheit zu versichern.

Ich habe natürlich oft daran gedacht zurückzukehren; manchmal hätte ich durch die halbe Welt zurückkehren mögen; aber ich habe es nicht getan. Sie war unberührbar für mich geworden; kurz gesagt; ich weiß nicht, ob du mich verstehst: Wer ein Unrecht sehr tief empfindet, der ändert es nicht mehr. Ich will übrigens nicht deine Lossprechung. Ich will dir meine Geschichten erzählen, um zu erfahren, ob sie wahr sind; ich habe mich jahrelang mit keinem Menschen aussprechen können, und wenn ich mich darüber laut mit mir selbst sprechen hörte, wäre ich mir, offen gestanden, unheimlich.

Halte also daran fest, daß meine Vernunft deiner Aufgeklärtheit nichts nachgeben will.

Aber zwei Jahre später befand ich mich in einem Sack, dem toten Winkel einer Kampflinie in Südtirol, die sich von den blutigen Gräben der Cima di Vezzena an den Caldonazzo-See zurückbog. Dort lief sie tief im Tal wie eine sonnige Welle über zwei Hügel mit schönen Namen und stieg auf der andern Seite des Tals wieder empor, um sich in einem stillen Gebirge zu verlieren. Es war im Oktober; die schwach besetzten Kampfgräben versanken in Laub, der See brannte lautlos in Blau, die Hügel lagen wie große welke Kränze da; wie Grabkränze, dachte ich oft, ohne mich vor ihnen zu fürchten; Zögernd und verteilt floß das Tal um sie; aber jenseits des Striches, den wir besetzt hielten, entfloh es solcher süßen Zerstreutheit und fuhr wie ein Posaunenstoß, braun, breit und heroisch, in die feindliche Weite.

In der Nacht bezogen wir mitten darin eine vorgeschobene Stellung. Sie lag so offen im Tal, daß man uns von oben mit Steinwürfen erschlagen konnte; aber man röstete uns bloß an langsamem Artilleriefeuer. Immerhin, am Morgen nach so einer Nacht hatten alle einen sonderbaren Ausdruck, der sich erst nach einigen Stunden verlor: die Augen waren vergrößert, und die Köpfe auf den vielen Schultern richteten sich unregelmäßig auf wie ein niedergetretener Rasen. Trotzdem habe ich in jeder solchen Nacht oftmals den Kopf über den Grabenrand gehoben und ihn vorsichtig über die Schulter zurückgedreht wie ein Verliebter: da sah ich dann die Brentagruppe hell himmelblau, wie aus Glas steif gefältelt, in der Nacht stehen. Und gerade in diesen Nächten waren die Sterne groß und wie aus Goldpapier gestanzt und flimmerten fett wie aus Teig gebacken, und der Himmel war noch in der Nacht blau, und die dünne, mädchenhafte Mondsichel, ganz silbern oder ganz golden, lag auf dem Rücken mitten darin und schwamm in Entzücken. Du mußt trachten, dir vorzustellen, wie schön das war; so schön ist nichts im gesicherten Leben. Dann hielt ich es manchmal nicht aus und kroch vor Glück und Sehnsucht in der Nacht spazieren; bis zu den goldgrünen schwarzen Bäumen, zwischen denen ich mich aufrichtete wie eine kleine braungrüne Feder im Gefieder des ruhig sitzenden, scharfschnäbeligen Vogels Tod, der so zauberisch bunt und schwarz ist, wie du es nicht gesehen hast.

Tagsüber, in der Hauptstellung, konnte man dagegen geradezu spazierenreiten. Auf solchen Plätzen, wo man Zeit zum Nachdenken wie zum Erschrecken hat, lernt man die Gefahr erst kennen. Jeden Tag holt sie sich ihre Opfer, einen festen Wochendurchschnitt, soundsoviel vom Hundert, und schon die Generalstabsoffiziere der Division rechnen so unpersönlich damit wie eine Versicherungsgesellschaft. Übrigens man selbst auch. Man kennt instinktiv seine Chance und fühlt sich versichert, wenn auch nicht gerade unter günstigen Bedingungen. Das ist jene merkwürdige Ruhe, die man empfindet, wenn man dauernd im Feuerbereich lebt. Das muß ich vorausschicken, damit du dir nicht falsche Vorstellungen von meinem Zustand machst. Freilich kommt es vor, daß man sich plötzlich getrieben fühlt, nach einem bestimmten bekannten Gesicht zu suchen, das man noch vor einigen Tagen gesehen hat; aber es ist nicht mehr da. So ein Gesicht kann dann mehr erschüttern, als vernünftig ist, und lang in der Luft hängen wie ein Kerzenschimmer. Man hat also weniger Todesfurcht als sonst, aber ist allerhand Erregungen zugänglicher. Es ist so, als ob die Angst vor dem Ende, die offenbar immer wie ein Stein auf dem Menschen liegt, weggewälzt worden wäre, und nun blüht in der unbestimmten Nähe des Todes eine sonderbare innere Freiheit.

Über unsere ruhige Stellung kam einmal mitten in der Zeit ein feindlicher Flieger. Das geschah nicht oft, weil das Gebirge mit seinen schmalen Luftrinnen zwischen befestigten Kuppen hoch überflogen werden mußte. Wir standen gerade auf einem der Grabkränze, und im Nu war der Himmel mit den weißen Schrapnellwölkchen der Batterien betupft wie von einer behenden Puderquaste.

Das sah lustig aus und fast lieblich. Dazu schien die Sonne durch die dreifarbigen Tragflächen des Flugzeugs, gerade als es hoch über unseren Köpfen fuhr, wie durch ein Kirchenfenster oder buntes Seidenpapier, und es hätte zu diesem Augenblick nur noch einer Musik von Mozart bedurft. Mir ging zwar der Gedanke durch den Kopf, daß wir wie eine Gruppe von Rennbesuchern beisammenstanden und ein gutes Ziel abgaben. Auch sagte einer von uns: Ihr solltet euch lieber decken! Aber es hatte offenbar keiner Lust, wie eine Feldmaus in ein Erdloch zu fahren. In diesem Augenblick hörte ich ein leises Klingen, das sich meinem hingerissen emporstarrenden Gesicht näherte. Natürlich kann es auch umgekehrt zugegangen sein, so daß ich zuerst das Klingen hörte und dann erst das Nahen einer Gefahr begriff; aber im gleichen Augenblick wußte ich auch schon: es ist ein Fliegerpfeil! Das waren spitze Eisenstäbe, nicht dicker als ein Zimmermannsblei, welche damals die Flugzeuge aus der Höhe abwarfen; und trafen sie den Schädel, so kamen sie wohl erst bei den Fußsohlen wieder heraus, aber sie trafen eben nicht oft, und man hat sie bald wieder aufgegeben. Darum war das mein erster Fliegerpfeil; aber Bomben und Maschinengewehrschüsse hört man ganz anders, und ich wußte sofort, womit ich es zu tun hätte. Ich war gespannt, und im nächsten Augenblick hatte ich auch schon das sonderbare, nicht im Wahrscheinlichen begründete Empfinden: er trifft!

Und weißt du, wie das war? Nicht wie eine schreckende Ahnung, sondern wie ein noch nie erwartetes Glück! Ich wunderte mich zuerst darüber, daß bloß ich das Klingen hören sollte. Dann dachte ich, daß der Laut wieder verschwinden werde. Aber er verschwand nicht. Er näherte sich mir, wenn auch sehr fern, und wurde perspektivisch größer. Ich sah vorsichtig die Gesichter an, aber niemand nahm ihn wahr. Und in diesem Augenblick, wo ich inne wurde, daß ich allein diesen feinen Gesang hörte, stieg ihm etwas aus mir entgegen: ein Lebensstrahl; ebenso unendlich wie der von oben kommende des Todes. Ich erfinde das nicht, ich suche es so einfach wie möglich zu beschreiben; ich habe die Überzeugung, daß ich mich physikalisch nüchtern ausgedrückt habe; freilich weiß ich, daß das bis zu einem Grad wie im Traum ist, wo man ganz klar zu sprechen wähnt, während die Worte außen wirr sind.

Das dauerte eine lange Zeit, während derer nur ich das Geschehen näher kommen hörte. Es war ein dünner, singender, einfacher hoher Laut, wie wenn der Rand eines Glases zum Tönen gebracht wird; aber es war etwas Unwirkliches daran; das hast du noch nie gehört, sagte ich mir. Und dieser Laut war auf mich gerichtet; ich war in Verbindung mit diesem Laut und zweifelte nicht im geringsten daran, daß etwas Entscheidendes mit mir vor sich gehen wolle. Kein einziger Gedanke in mir war von der Art, die sich in den Augenblicken des Lebensabschiedes einstellen soll, sondern alles, was ich empfand, war in die Zukunft gerichtet; und ich muß einfach sagen, ich war sicher, in der nächsten Minute Gottes Nähe in der Nähe meines Körpers zu fühlen. Das ist immerhin nicht wenig bei einem Menschen, der seit seinem achten Jahr nicht an Gott geglaubt hat.

Inzwischen war der Laut von oben körperlicher geworden, er schwoll an und drohte. Ich hatte mich einigemal gefragt, ob ich warnen solle; aber mochte ich oder ein anderer getroffen werden, ich wollte es nicht tun! Vielleicht steckte eine verdammte Eitelkeit in dieser Einbildung, daß da, hoch oben über einem Kampffeld, eine Stimme für mich singe. Vielleicht ist Gott überhaupt nichts, als daß wir armen Schnorrer in der Enge unseres Daseins uns eitel brüsten, einen reichen Verwandten im Himmel zu haben. Ich weiß es nicht. Aber ohne Zweifel hatte nun die Luft auch für die anderen zu klingen begonnen; ich bemerkte, daß Flecken von Unruhe über ihre Gesichter huschten, und siehst du — auch keiner von ihnen ließ sich ein Wort entschlüpfen! Ich sah noch einmal diese Gesichter an: Burschen, denen nichts ferner lag als solche Gedanken, standen, ohne es zu wissen, wie eine Gruppe von Jüngern da, die eine Botschaft erwarten. Und plötzlich war das Singen zu einem irdischen Ton geworden, zehn Fuß, hundert Fuß über uns, und erstarb. Er, es war da. Mitten zwischen uns, aber mir zunächst, war etwas verstummt und von der Erde verschluckt worden, war zu einer unwirklichen Lautlosigkeit zerplatzt. Mein Herz schlug breit und ruhig; ich kann auch nicht den Bruchteil einer Sekunde erschrocken gewesen sein; es fehlte nicht das kleinste Zeitteilchen in meinem Leben. Aber das erste, was ich wieder wahrnahm, war, daß mich alle ansahen. Ich stand am gleichen Fleck, mein Leib aber war wild zur Seite gerissen worden und hatte eine tiefe, halbkreisförmige Verbeugung ausgeführt. Ich fühlte, daß ich aus einem Rausch erwache, und wußte nicht, wie lange ich fort gewesen war. Niemand sprach mich an; endlich sagte einer: ein Fliegerpfeil! und alle wollten ihn suchen, aber er stak metertief in der Erde. In diesem Augenblick überströmte mich ein heißes Dankgefühl, und ich glaube, daß ich am ganzen Körper errötete. Wenn einer da gesagt hätte, Gott sei in meinen Leib gefahren, ich hätte nicht gelacht. Ich hätte es aber auch nicht geglaubt. Nicht einmal, daß ich einen Splitter von ihm davontrug, hätte ich geglaubt. Und trotzdem, jedesmal, wenn ich mich daran erinnere, möchte ich etwas von dieser Art noch einmal deutlicher erleben!

Ich habe es übrigens noch einmal erlebt, aber nicht deutlicher — begann Azwei seine letzte Geschichte. Er schien unsicher geworden zu sein, aber man konnte ihm anmerken, daß er gerade deshalb darauf brannte, sich diese Geschichte erzählen zu hören.

Sie handelte von seiner Mutter, die nicht viel von Azweis Liebe besessen hatte; aber er behauptete, das sei nicht so gewesen. — Wir haben oberflächlich schlecht zueinander gepaßt, — sagte er — und das ist schließlich nur natürlich, wenn eine alte Frau seit Jahrzehnten in der gleichen Kleinstadt lebt, und ein Sohn es nach ihren Begriffen in der weiten Welt zu nichts gebracht hat. Sie machte mich so unruhig wie das Beisammensein mit einem Spiegel, der das Bild unmerklich in die Breite zieht; und ich kränkte sie, indem ich jahrelang nicht nach Hause kam. Aber sie schrieb mir alle Monate einen besorgten Brief mit vielen Fragen, und wenn ich den auch gewöhnlich nicht beantwortete, so war doch etwas sehr Sonderbares dabei, und ich hing trotz allem tief mit ihr zusammen, wie sich schließlich gezeigt hat.

Vielleicht hatte ich ihr vor Jahrzehnten das Bild eines kleinen Knaben leidenschaftlich eingeprägt, in den sie weiß Gott welche Hoffnungen gesetzt haben mochte, die durch nichts ausgelöscht werden konnten; und da ich dieser längst verschwundene Knabe war, hing ihre Liebe an mir, wie wenn alle seither untergegangenen Sonnen noch irgendwo zwischen Licht und Finsternis schwebten. Da hättest du wieder diese geheimnisvolle Eitelkeit, die keine ist. Denn ich kann wohl sagen, ich verweile nicht gern bei mir, und was so viele Menschen tun, daß sie sich behaglich Photographien ansehen, die sie in früheren Zeiten darstellen, oder sich gern erinnern, was sie da und dann getan haben, dieses Ich-Sparkassen-System ist mir völlig unbegreiflich. Ich bin weder besonders launenhaft, noch lebe ich nur für den Augenblick; aber wenn etwas vorbei ist, dann bin ich auch an mir vorbei, und wenn ich mich in einer Straße erinnere, ehemals oft diesen Weg gegangen zu sein, oder wenn ich mein früheres Haus sehe, so empfinde ich ohne alle Gedanken einfach wie einen Schmerz eine heftige Abneigung gegen mich, als ob ich an eine Schändlichkeit erinnert würde. Das Gewesene entfließt, wenn man sich ändert; und mir scheint, wie immer man sich ändere, man täte es ja nicht, wenn der, den man verläßt, gar so einwandfrei wäre. Aber gerade weil ich gewöhnlich so fühle, war es wunderbar, als ich bemerkte, daß da ein Mensch, solang ich lebe, ein Bild von mir festgehalten hat; wahrscheinlich ein Bild, dem ich nie entsprach, das jedoch in gewissem Sinn mein Schöpfungsbefehl und meine Urkunde war. Verstehst du mich, wenn ich sage, daß meine Mutter in diesem bildlichen Sinn eine Löwennatur war, in das wirkliche Dasein einer mannigfach beschränkten Frau gebannt? Sie war nicht klug nach unseren Begriffen, sie konnte von nichts absehen und nichts weit herholen; sie war, wenn ich mich an meine Kindheit erinnere, auch nicht gut zu nennen, denn sie war heftig und von ihren Nerven abhängig; und du magst dir vorstellen, was aus der Verbindung von Leidenschaft mit engen Gesichtsgrenzen manchmal hervorgeht: Aber ich möchte behaupten, daß es eine Größe, einen Charakter gibt, die sich mit der Verkörperung, in der sich ein Mensch für unsere gewöhnliche Erfahrung darstellt, heute noch so unbegreiflich vereinen, wie in den Märchenzeiten Götter die Gestalt von Schlangen und Fischen angenommen haben.

Ich bin sehr bald nach der Geschichte mit dem Fliegerpfeil bei einem Gefecht in Rußland in Gefangenschaft geraten, machte später dort die große Umwandlung mit und kehrte nicht so rasch zurück, denn das neue Leben hat mir lange Zeit gefallen. Ich bewundere es heute noch; aber eines Tags entdeckte ich, daß ich einige für unentbehrlich geltende Glaubenssätze nicht mehr aussprechen konnte, ohne zu gähnen, und entzog mich der damit verbundenen Lebensgefahr, indem ich mich nach Deutschland rettete, wo der Individualismus gerade in der Inflationsblüte stand. Ich machte allerhand zweifelhafte Geschäfte, teils aus Not, teils nur aus Freude darüber, wieder in einem alten Land zu sein, wo man unrecht tun kann, ohne sich schämen zu müssen. Es ist mir dabei nicht sehr gut gegangen, und machmal war ich sogar ungemein übel daran. Auch meinen Eltern ging es nicht gerade gut. Da schrieb mir meine Mutter einigemal: Wir können dir nicht helfen; aber wenn ich dir mit dem wenigen helfen könnte, was du einst erben wirst, möchte ich mir zu sterben wünschen. Das schrieb sie, obgleich ich sie seit Jahren nicht besucht, noch ihr irgendein Zeichen der Neigung gegeben hatte. Ich muß gestehen, daß ich es nur für eine etwas übertriebene Redensart gehalten habe, der ich keine Bedeutung beimaß, wenn ich auch an der Echtheit des Gefühls, das sich sentimental ausdrückte, nicht zweifelte. Aber nun geschah eben das durchaus Sonderbare: meine Mutter erkrankte wirklich, und man könnte glauben, daß sie dann auch meinen Vater, der ihr sehr ergeben war, mitgenommen hat.

Azwei überlegte. — Sie starb an einer Krankheit, die sie in sich getragen haben mußte, ohne daß ein Mensch es ahnte. Man könnte dem Zusammentreffen vielerlei natürliche Erklärungen geben, und ich fürchte, du wirst es mir verübeln, wenn ich es nicht tue. Aber das Merkwürdige waren wieder die Nebenumstände. Sie wollte keineswegs sterben; ich weiß, daß sie sich gegen den frühen Tod gewehrt und heftig geklagt hat. Ihr Lebenswille, ihre Entschlüsse und Wünsche waren gegen das Ereignis gerichtet. Man kann auch nicht sagen, daß sich gegen ihren Augenblickswillen eine Charakterentscheidung vollzog; denn sonst hätte sie ja schon früher an Selbstmord oder freiwillige Armut denken können, was sie nicht im geringsten getan hat. Sie war selbst ganz und gar ein Opfer. Aber hast du nie bemerkt, daß dein Körper auch noch einen anderen Willen hat als den deinen? Ich glaube, daß alles, was uns als Wille oder als unsere Gefühle, Empfindungen und Gedanken vorkommt und scheinbar die Herrschaft über uns hat, das nur im Namen einer begrenzten Vollmacht darf, und daß es in schweren Krankheiten und Genesungen in unsicheren Kämpfen und an allen Wendepunkten des Schicksals eine Art Urentscheidung des ganzen Körpers gibt, bei der die letzte Macht und Wahrheit ist. Aber möge dem sein wie immer; sicher war es, daß ich von der Erkrankung meiner Mutter sofort den Eindruck von etwas ganz und gar Freiwilligem hatte; und wenn du alles für Einbildung hieltest, so bliebe es bestehen, daß ich in dem Augenblick, wo ich die Nachricht von der Erkrankung meiner Mutter erhielt, obgleich gar kein Grund zur Besorgnis darin lag, in einer auffallenden Weise und völlig verändert worden bin: eine Härte, die mich umgeben hatte, schmolz augenblicklich weg, und ich kann nicht mehr sagen, als daß der Zustand, in dem ich mich von da an befand, viel Ähnlichkeit mit dem Erwachen in jener Nacht hatte, wo ich mein Haus verließ, und mit der Erwartung des singenden Pfeils aus der Höhe. Ich wollte gleich zu meiner Mutter reisen, aber sie hielt mich mit allerhand Vorwänden fern. Zuerst hieß es, sie freue sich, mich zu sehen, aber ich möge die bedeutungslose Erkrankung abwarten, damit sie mich gesund empfange; später ließ sie mir mitteilen, mein Besuch könnte sie im Augenblick zu sehr aufregen; zuletzt, als ich drängte: die entscheidende Wendung zum Guten stünde bevor, und ich möge mich nur noch etwas gedulden. Es sieht so aus, als ob sie gefürchtet hätte, durch ein Wiedersehen unsicher gemacht zu werden; und dann entschied sich alles so rasch, daß ich gerade noch zum Begräbnis zurecht kam.

Ich fand auch meinen Vater krank vor, und wie ich dir sagte, ich konnte ihm bald nur noch sterben helfen. Er war früher ein guter Mann gewesen, aber in diesen Wochen war er wunderlich eigensinnig und voll Launen, als ob er mir vieles nachtrüge und sich durch meine Anwesenheit geärgert fühlte. Nach seinem Begräbnis mußte ich den Haushalt auflösen, und das dauerte auch einige Wochen; ich hatte keine Eile. Die Leute aus der kleinen Stadt kamen hie und da zu mir aus alter Gewohnheit und erzählten mir, auf welchem Platz im Wohnzimmer mein Vater gesessen habe und wo meine Mutter und wo sie. Sie sahen sich alles genau an und erboten sich, mir dieses oder jenes Stück abzukaufen. Sie sind so gründlich, diese Menschen in der Provinz, und einmal sagte einer zu mir, nachdem er alles eingehend untersucht hatte: Es ist doch schrecklich, wenn binnen wenigen Wochen eine ganze Familie ausgerottet wird! — mich selbst rechnete keiner hinzu. Wenn ich allein war, saß ich still und las Kinderbücher; ich hatte auf dem Dachboden eine große Kiste voll von ihnen gefunden. Sie waren verstaubt, verrußt, teils vertrocknet, teils von Feuchtigkeit beschlagen, und wenn man sie klopfte, schieden sie immerzu Wolken von sanfter Schwärze aus; von den Pappbänden war das gemaserte Papier geschwunden und hatte nur Gruppen von zackigen Inseln zurückgelassen. Aber wenn ich in die Seiten eindrang, eroberte ich den Inhalt wie Seefahrer zwischen diesen Fährnissen, und einmal machte ich eine seltsame Entdeckung. Ich bemerkte, daß die Schwärze oben, wo man die Blätter wendet, und unten am Rand in einer leise deutlichen Weise doch anders war, als der Moder sie verleiht, und dann fand ich allerhand unbezeichenbare Flecken und schließlich wilde, verblaßte Bleistiftspuren auf den Titelblättern; und mit einemmal überwältigte es mich, daß ich erkannte, diese leidenschaftliche Abgegriffenheit, diese Bleistiftritzer und eilig hinterlassenen Flecken seien die Spuren von Kinderfingern, meiner Kinderfinger, dreißig und mehr Jahre in einer Kiste unter dem Dach aufgehoben und wohl von aller Welt vergessen! — Nun, ich sagte dir, für andere Menschen mag es nichts Besonderes sein, wenn sie sich an sich selbst erinnern, aber für mich war es, als ob das Unterste zuoberst gekehrt würde. Ich hatte auch ein Zimmer wiedergefunden, das vor dreißig und mehr Jahren mein Kinderzimmer war; es diente später für Wäscheschränke und dergleichen, aber im Grunde hatte man es gelassen, wie es gewesen war, als ich dort am Fichtentisch unter der Petroleumlampe saß, deren Kette drei Delphine im Maul trugen. Dort saß ich nun wieder viele Stunden des Tags und las wie ein Kind, das mit den Beinen nicht bis zur Erde reicht. Denn siehst du, daß unser Kopf haltlos ist oder in nichts ragt, daran sind wir gewöhnt, denn wir haben unter den Füßen etwas Festes; aber Kindheit, das heißt, an beiden Enden nicht ganz gesichert sein und statt der Greifzangen von später noch die weichen Flanellhände haben und vor einem Buch sitzen, als ob man auf einem kleinen Blatt über Abstürzen durch den Raum segelte. Ich sage dir, ich reichte wirklich nicht mehr unter dem Tisch zur Erde.

Ich hatte mir auch ein Bett in dieses Zimmer gestellt und schlief dort. Und da kam dann die Amsel wieder. Einmal nach Mitternacht weckte mich ein wunderbarer, herrlicher Gesang. Ich wachte nicht gleich auf, sondern hörte erst lange im Schlaf zu. Es war der Gesang einer Nachtigall; aber sie saß nicht in den Büschen des Gartens, sondern auf dem Dach eines Nebenhauses. Ich begann mit offenen Augen zu schlafen. Hier gibt es keine Nachtigallen — dachte ich dabei —, es ist eine Amsel.

Du brauchst aber nicht zu glauben, daß ich das heute schon einmal erzählt habe! Sondern wie ich dachte: Hier gibt es keine Nachtigallen, es ist eine Amsel, erwachte ich; es war vier Uhr morgens, der Tag kehrte in meine Augen ein, der Schlaf versank so rasch, wie die Spur einer Welle in trockenem Ufersand aufgesaugt wird, und da saß vor dem Licht, das wie ein zartes weißes Wolltuch war, ein schwarzer Vogel im offenen Fenster! Er saß dort, so wahr ich hier sitze.

Ich bin deine Amsel, — sagte er — kennst du mich nicht?

Ich habe mich wirklich nicht gleich erinnert, aber ich fühlte mich überaus glücklich, wenn der Vogel zu mir sprach.

Auf diesem Fensterbrett bin ich schon einmal gesessen, erinnerst du dich nicht? — fuhr er fort, und nun erwiderte ich: Ja, eines Tags bist du dort gesessen, wo du jetzt sitzt, und ich habe rasch das Fenster geschlossen.

Ich bin deine Mutter — sagte sie.

Siehst du, das mag ich ja geträumt haben. Aber den Vogel habe ich nicht geträumt; er saß da, flog ins Zimmer herein, und ich schloß rasch das Fenster. Ich ging auf den Dachboden und suchte einen großen Holzkäfig, an den ich mich erinnerte, weil die Amsel schon einmal bei mir gewesen war; in meiner Kindheit, genauso, wie ich es eben sagte. Sie war im Fenster gesessen und dann ins Zimmer geflogen, und ich hatte einen Käufig gebraucht, aber sie wurde bald zahm, und ich habe sie nicht gefangengehalten, sie lebte frei in meinem Zimmer und flog aus und ein. Und eines Tags war sie nicht mehr wiedergekommen, und jetzt war sie also wieder da. Ich hatte keine Lust, mir Schwierigkeiten zu machen und nachzudenken, ob sie die gleiche Amsel sei; ich fand den Käfig und eine neue Kiste Bücher dazu, und ich kann dir nur sagen: ich bin nie im Leben ein so guter Mensch gewesen wie von dem Tag an, wo ich die Amsel besaß; aber ich kann dir wahrscheinlich nicht beschreiben, was ein guter Mensch ist.

Hat sie noch oft gesprochen? — fragte Aeins listig.

Nein, — erwiderte Azwei — gesprochen hat sie nicht. Aber ich habe ihr Amselfutter beschaffen müssen und Würmer. Sieh wohl, das ist schon eine kleine Schwierigkeit, daß sie Würmer fraß, und ich sollte sie wie eine Mutter halten —; aber es geht, sage ich dir, das ist nur Gewohnheit, und woran muß man sich nicht auch bei alltäglicheren Dingen gewöhnen! Ich habe sie seither nicht mehr von mir gelassen, und mehr kann ich dir nicht sagen; das ist die dritte Geschichte, wie sie enden wird, weiß ich nicht.

Aber du deutest doch an, — suchte sich Aeins vorsichtig zu vergewissern — daß dies alles einen Sinn gemeinsam hat?

Du lieber Himmel, — widersprach Azwei — es hat sich eben alles so ereignet; und wenn ich den Sinn wüßte, so brauchte ich dir wohl nicht erst zu erzählen. Aber es ist, wie wenn du flüstern hörst oder bloß rauschen, ohne das unterscheiden zu können!

Aus: Robert Musil, „Prosa, Dramen, späte Briefe".
Rowohlt-Verlag, Reinbek.

NACHWORT

Mit der Sicherheit, die der historische Abstand verleiht, wissen wir heute, daß die politischen Ereignisse des Jahres 1933 eine Epoche der deutschen Literatur gewaltsam, aber unwiderruflich beendet haben. Nur was während der Jahre der Diktatur in der Emigration entstanden ist, kann noch der Literatur des ersten Drittels unseres Jahrhunderts zugerechnet werden. Es muß darum heute möglich sein, schon mit einiger Verbindlichkeit die Frage zu beantworten, welche von den Autoren, deren Werk im wesentlichen in den ersten vier Jahrzehnten unseres Jahrhunderts entstanden ist, auch über ihre eigene Epoche hinaus Gültiges geschaffen haben. Der Deutschlehrer am Gymnasium kann dieser Frage gar nicht ausweichen, weil er immer wieder neu zu prüfen hat, welche Werke er guten Gewissens der Literaturgeschichte überlassen oder gar dem Vergessen anheimgeben darf und welche einen Anspruch darauf haben, daß sich junge Menschen auch noch eine Generation nach ihrer Entstehung um ihr Verständnis bemühen. Im Rahmen dieser Reihe geht es um die erzählende Prosa. Daß Thomas Mann und Franz Kafka Erzähler von Weltrang sind, ist längst in das allgemeine Bewußtsein der Gebildeten eingegangen. Sie werden seit langem auch in unseren Schulen gelesen. Anders ist es mit Robert Musil und Hermann Broch. Der Kenner weiß, daß sie da, wo es um den Rang geht, mit den beiden andern zusammen genannt werden müssen; aber da ihr Werk schwerer zugänglich ist als das aus der Erzähltradition des 19. Jahrhunderts hervorgegangene von Thomas Mann und weniger faszinierend als die rätselhaften Existenzparabeln Kafkas, ist es bisher über den Kreis der Kenner hinaus kaum bekanntgeworden. Von den Deutschlehrern wurde vor allem Hermann Broch bisher wenig beachtet. Die Auswahl des vorliegenden Bändchens hat deshalb programmatischen Charakter. Sie stellt mit der „Amsel“ neben der „Portugiesin“ (Mod. Erz. 4) einen zweiten Text von

Musil zur Verfügung und bietet zum erstenmal die Möglichkeit, in einer für die Schule geeigneten Ausgabe Prosa von Hermann Broch zu lesen. Dabei will sie durch die Zusammenstellung mit einer der bekanntesten Erzählungen Kafkas — neben einer wenig bekannten, aber sehr charakteristischen Parabel — bewußt Wertmaßstäbe setzen.

Das Werk dieser drei Autoren hat bei aller Einzigartigkeit, die jedem von ihnen eignet, nicht zu übersehende gemeinsame Züge, die es deutlich auch von dem eines Thomas Mann abhebt. Es ist mehr als ein bloßer Zufall, daß ihre Geburtsdaten nur wenig auseinanderliegen und daß sie überdies alle drei im Raum der k. u. k. Monarchie geboren und aufgewachsen sind. Es war das kollektive Erlebnis der wachsten Geister dieser zwischen 1870 und 1890 geborenen Generation, daß die Sinn- und Wertordnungen, in denen ihre Väter und Vorväter aufgewachsen waren, mochten sie auf einen religiösen oder sei es idealistisch, sei es positivistisch gefärbten philosophischen Glauben gegründet sein, ihre allgemeine Verbindlichkeit verloren hatten. Die Voraussetzungen für diese der modernen Literatur zugrundeliegende Erfahrung aber waren für einen geistigen Menschen, der die Agonie der politisch-gesellschaftlichen Ordnung eines auseinanderstrebenden Vielvölkerstaates miterleben mußte, eher gegeben als für den Bürger eines wirtschaftlich aufblühenden und politisch ausgreifenden Reiches wie das Wilhelms II. So kann es nicht überraschen, daß einige der im alten Österreich beheimateten Autoren zu einer umfassenderen und zugleich illusionsloseren Diagnose ihrer Zeit in der Lage waren, als sie irgendeinem der reichsdeutschen Autoren — etwa den Brüdern Heinrich und Thomas Mann — gelungen ist. Was die Romane der drei großen Österreicher z. B. vom „Zauberberg" und vom „Dr. Faustus" unterscheidet, ist die Radikalität des In-Frage-Stellens, die durch keine ironische „Lebensfreundlichkeit" gemildert ist und darum unverhüllt die Daseinsleere in den Blick bekommt, die das notwendige Ergebnis des Zerfalls jener Werte ist, auf deren Gültigkeit jahrhundertelang die geistige Einheit der europäischen Kultur beruhte. Ausgangspunkt ihres Schaffens ist die Erkenntnis, daß dieser Zerfallsprozeß, beschleunigt durch die unaufhaltsam fortschreitende Vergesellschaftung, den Menschen unseres Jahrhunderts seinem

Wesen und seiner Bestimmung heillos entfremdet hat und ihm nur noch zwei Möglichkeiten offen zu lassen scheint: den Verzicht auf Wertsetzungen und Sinngebung überhaupt, also den von Nietzsche proklamierten Nihilismus, oder aber die Flucht in die Scheinordnung einer Ideologie. Die erstere bedeutet für ein auf Sinnerfüllung angelegtes Wesen nichts anderes als Selbstaufgabe, die zweite steht im Widerspruch zu seiner personalen Würde, die es verpflichtet, sich immer wieder neu dem Ganzen der Wirklichkeit zu stellen. Zwischen diesen beiden Alternativen suchen Kafka, Musil und Broch nach einem dritten Weg. Sie gehen in ihren Werken aus von der Nullpunktsituation, die der Nihilist absolut setzt (etwa Beckett in seinen absurden Stücken) brechen aber von ihr aus auf zu einer „Expedition nach der Wahrheit" (wie es Kafka formuliert hat), nach einer Wahrheit, die zwar verborgen und dem Menschen nicht mehr oder noch nicht wieder in ihrer Fülle greifbar, aber dennoch als reale Daseinsmacht wirksam ist und darum auch für den Menschen verbindlich sein muß, der nach der Auflösung der alten Ordnungen mündig, d. h. uneingeschränkt für sich selbst verantwortlich geworden ist. Eine solche Wahrheit, die nicht nur abstrakte Geltung hat, sondern von einer die Existenz bestimmenden Mächtigkeit ist, hat zweifellos religiösen Charakter.

Für Kafka ist das allerdings bezweifelt worden; man hat auch ihn nihilistisch zu interpretieren versucht. Man kann aber die unerreichbare und zugleich allumfassende, in keine Kategorie unserer Lebenswirklichkeit einzuordnende Instanz, die in seinen Romanen als Prozeß- oder Schloßbehörde oder als Leitung eines Welttheaters zwar nicht erscheint, aber in ihren Auswirkungen auf so eingreifende Weise spürbar wird und wenigstens einmal — in der Türhüter-Parabel — einen Strahl ihres außerirdischen Glanzes in unsere Welt hineinfallen läßt, im Ernst kaum anders verstehen. In der Parabel „Die Abweisung" wird sie durch die „hohen Herrscher" repräsentiert, über die man zwar nichts Zuverlässiges weiß, die aber in der Gestalt des Obersten unbezweifelbar gegenwärtig ist und deren Handeln in einer Zeit der Gottesferne nur noch in der negativen Form der Abweisung erfahren wird. Der Realität der allumfassenden Instanz entspricht im Einzelnen das Schuldgefühl, das ebenso zu den Grundphänomenen der Welt Kafkas gehört, sich aber, da das personale Gegenüber fehlt, fast nur in dem immer vergeblichen Bemühen des Menschen um seine Rechtfertigung mitteilt — so auch bei Georg Bendemann im „Urteil“, der im Grunde schon eine Präfiguration des Josef K. aus dem „Prozeß“ ist.

Da Kafka in seinen Erzählungen und Romanen nur wenige Themen variiert, kann schon durch die Interpretation zweier entsprechend ausgewählter Erzählungen der Zugang zu seiner Welt erschlossen werden. Musil gegenüber befindet sich der Deutschlehrer in einer sehr viel schwierigeren Situation. Der eine große Roman, auf dem seine Bedeutung beruht — „Der Mann ohne Eigenschaften“ —, kann in der Schule höchstens in einer sehr begrenzten Auswahl bewältigt werden. „Die Portugiesin“ (Mod. Erz. 4), eine Novelle von hohem Rang, die zugleich den strengsten klassischen Formgesetzen entspricht und in der auf alle analysierende Psychologie verzichtenden Darstellung differenzierter Seelenvorgänge ganz modern ist, hat mit Thematik und Erzählstruktur des großen Romans wenig gemeinsam. Dessen Hauptfigur ist der Prototyp des modernen Intellektuellen, der sich von seiner Mündigkeit nichts abhandeln läßt und darum allem Vorgeprägten, allen ideologisch gefärbten Denkinhalten kritisch gegenübersteht und sich auf nichts festlegen lassen will, um für alle Möglichkeiten unvoreingenommen offen zu bleiben. Zugleich aber erkennt er die Grenzen einer rational mit den Menschen und dem Leben experimentierenden Existenzweise und sucht darum die eigentliche Erfüllung seines Daseins in einer mystischen Erfahrung, die er „den anderen Zustand“ nennt und deren er in einer utopischen Form des Eros teilhaftig zu werden hofft (die in der Romanhandlung als Liebe zur Schwester erscheint). In der Erzählung „Die Amsel“ weist schon die mathematische Benennung der Hauptfiguren auf deren Verwandtschaft mit dem „Mann ohne Eigenschaften“, dem „Möglichkeitsmenschen“ Ulrich hin. Auch in ihr geht es darum, wie die strenge Rationalität, die die Würde des mündig gewordenen Menschen ausmacht, mit der Offenheit für die metaphysische Dimension der Wirklichkeit vereinbart werden kann, die sich den Menschen einer säkularisierten Welt nur noch in vieldeutigen Zeichen offenbart.

Auch für Hermann Broch, von dem in der Schule bisher wohl nur ganz vereinzelt ein Werk gelesen worden ist, liegt das eigentliche anthropologische Problem im rechten Verhältnis von rationaler und irrationaler Sphäre. Eine dauerhafte Harmonie zwischen ihnen ist nach seiner Meinung unmöglich, weil beide die Tendenz haben, sich absolut zu setzen; sie gelingt nur, wenn und solange das Leben der Menschen innerhalb einer Kulturgemeinschaft auf einen zentralen Wert ausgerichtet ist. Auf eine Epoche, in der ein für alle verbindliches Wertsystem gilt, das dem einzelnen eine eindeutige Daseinsorientierung ermöglicht, folgt unvermeidbar einer Epoche des Wertzerfalls. Er beginnt damit, daß an die Stelle des verblaßten metaphysischen Zentralwertes Irdisches, also Relatives, zum Absoluten erhoben wird, was bei den Betroffenen notwendigerweise ein — von Broch als Romantik bezeichnetes — Mißverhältnis zur Wirklichkeit zur Folge hat. Da aber von den verschiedenen Menschen je nach den Traditionen, in denen sie leben, verschiedene Werte verabsolutiert werden, ergibt sich faktisch ein Wertchaos, dessen gefährlichste Auswirkung die Freisetzung des Irrationalen und damit die Anarchie im einzelnen und in der Gesellschaft ist. Das letzte Stadium der Auflösung ist erreicht, wenn der Mensch sein Handeln überhaupt nicht mehr nach Werten ausrichtet, sondern nur noch zweckmäßig, „sachlich", der jeweiligen Situation gemäß handelt. Das hier skizzierte Denkmodell für das Verständnis geschichtlicher Abläufe liegt vor allem Brochs bedeutendstem Roman, der Trilogie „Die Schlafwandler", zugrunde.

Den zweiten Höhepunkt in seinem Werk bildet der Roman „Der Tod des Vergil", in dem nun auch bei ihm, nachdem die Diagnose geleistet ist, die Frage nach der Möglichkeit und den Bedingungen einer sinnerfüllten Existenz im Mittelpunkt steht. Der Leser nimmt an dem unendlichen Monolog eines in der Nähe des Todes hellsichtig gewordenen Bewußtseins teil, das sich schon ins Kosmische weitet und sub specie aeternitatis die Summe eines Lebens und einer zu Ende gehenden Epoche zieht. Die drei Hauptgestalten repräsentieren drei grundverschiedene Existenzweisen: Vergil den Homo religiosus, der sich der Vorläufigkeit aller irdischen Ordnung bewußt und um das Heil der Seelen besorgt ist, Augustus den um das irdische Wohl der Mitmenschen besorgten, aber auch selbst im Irdischen verhafteten Täter und Maecenas den in sich selbst gefangenen ästhetischen Menschen, dem es um die Steigerung des eigenen Daseins geht.

„Die Heimkehr des Vergil“ ist die Urfassung des Vergil-Stoffes und entwickelt dessen Thematik nach den strengen Formgesetzen einer Kurzgeschichte.

Die Geschichte von der Ärztin Barbara hat Broch nicht als selbständige Erzählung veröffentlicht, sondern der Hauptfigur seines Romans „Der Versucher“ in den Mund gelegt; sie kann aber durchaus unabhängig von der Funktion, die sie dort hat, gelesen werden. Der tiefste Sinn der Liebe zwischen Mann und Frau ist für Broch die Erweckung des Ich aus dem Gefangensein im Nur-Irdischen; sie macht fähig zur mystischen Teilhabe am Allgeheimnis der Natur und ist eine Erscheinungsform der metaphysischen Sehnsucht nach der Heimkehr ins Unendliche als dem Ziel des geschöpflichen Seins.

Franz Kafka: 1883 in Prag geboren. Studierte Jura und wurde Versicherungsbeamter. Seit 1917 lungenkrank, starb er 1924 in der Nähe von Wien. Veröffentlichte zu seinen Lebzeiten nur wenige Erzählungen.

Drei unvollendete Romane: „Amerika“, „Der Prozeß“, „Das Schloß“. Sie wurden gegen seinen Willen nach seinem Tode herausgegeben (1925/27). Erzählungen (zum Teil aus dem Nachlaß).

Robert Musil: 1880 in Klagenfurt geboren. Studierte zunächst in Stuttgart Maschinenbau, später in Berlin Psychologie und Philosophie. War kurze Zeit Bibliothekar und Redakteur und lebte im übrigen als freier Schriftsteller, bis 1933 vor allem in Berlin, dann in Wien und ab 1938 als Emigrant in der Schweiz. 1942 in Genf gestorben.

„Die Verwirrungen des Zöglings Törleß“ (Roman 1906).

„Vereinigungen“ (Novellen 1911).

„Die Schwärmer“ und „Vinzenz und die Freundin bedeutender Männer“ (Dramen 1921/23).

„Drei Frauen“ (Novellen 1924).

„Der Mann ohne Eigenschaften“ (unvollendeter Roman 1930/33/43).

Hermann Broch: 1886 in Wien geboren. Nach dem Studium an der technischen Hochschule in Wien und an einer Textilhochschule im Elsaß Leiter der vom Vater übernommenen Textilfabrik und Vorsitzender des österreichischen Industriellenverbandes. Mit 42 Jahren Verzicht auf die kaufmännische Tätigkeit und neues Studium in Wien (Mathematik, Philosophie, Soziologie, Geschichte). Danach freier Schriftsteller in Wien. 1938 Emigration nach Amerika. Professor an der Universität in New Haven. 1951 gestorben.

„Die Schlafwandler“ (Romantrilogie 1931/32).

„Tod des Vergil“ (Roman, 1945 zuerst in englischer Sprache).

„Die Schuldlosen“ (Roman 1950).

„Der Versucher“ (unvollendeter Roman, 1953 aus dem Nachlaß veröffentlicht).